BCKIT 819.23 MAR
Marinier, Robert, 1954– author.
Kit de club de lecture francophone.
Un conte de l'apocalypse

prise de parole

Éditions Prise de parole
205-109, rue Elm
Sudbury (Ontario)
Canada P3C 1T4
www.prisedeparole.ca

Nous remercions le gouvernement du Canada, le Conseil des arts du Canada, le Conseil des arts de l'Ontario et la Ville du Grand Sudbury de leur appui financier.

L'écriture de cette pièce a reçu l'appui de la Fondation pour l'avancement du théâtre francophone du Canada et a profité d'une résidence d'écriture au Centre des Écritures Dramatiques Wallonie-Bruxelles

Un conte de l'apocalypse

Du même auteur

Théâtre

Épinal, Sudbury, Éditions Prise de parole, 2005.

« Le golfeur et la mort », dans *Contes sudburois*, avec Jean Marc
   Dalpé, Robert Dickson, Paulette Gagnon, Michael Gauthier et
   Brigitte Haentjens, Sudbury, Éditions Prise de parole, 2001.

« Je me souviens », dans *Liban, écrits nomades 1*, avec Koffi
   Kwahulé, Yves Laplace et Jean-Yves Picq, Morlanwelz, Éditions
   Lansman, 2001.

À la gauche de Dieu, Sudbury, Éditions Prise de parole, 1998.

L'insomnie, Sudbury, Éditions Prise de parole, 1996.

Deuxième souffle, avec Dan Lalande, Sudbury, Éditions Prise de
   parole, 1992.

Les Roger, avec Robert Bellefeuille et Jean Marc Dalpé, Sudbury,
   Éditions Prise de parole, 1985.

L'inconception, Sudbury, Éditions Prise de parole, 1984.

La tante, Sudbury, Éditions Prise de parole, 1981.

*Trente exemplaires de cet ouvrage
ont été numérotés et signés par l'auteur.*

ROBERT MARINIER

Un conte de l'apocalypse

Une pièce épique

Éditions Prise de parole
Sudbury 2021

Œuvre en première de couverture : Frédéric Gayer, *WW?* [détail], estampe, 2020
Conception de la première de couverture : Olivier Lasser

Révision linguistique : Maude Bourassa Francoeur
Infographie : Alain Mayotte
Correction d'épreuves : denise truax

Tous droits de traduction, de reproduction
et d'adaptation réservés pour tous pays.
Imprimé au Canada.
Copyright © Ottawa, 2021

Diffusion au Canada : Dimedia

Catalogage avant publication de Bibliothèque et Archives Canada
Titre : Un conte de l'apocalypse / Robert Marinier.
Noms : Marinier, Robert, 1954- auteur.
Description : Pièce de théâtre.
Identifiants : Canadiana (livre imprimé) 20210303468 | Canadiana (livre numérique) 20210303476 | ISBN 9782897442903 (couverture souple) | ISBN 9782897442910 (PDF) | ISBN 9782897442927 (EPUB)
Classification : LCC PS8576.A66 C66 2021 | CDD C842/.54—dc23

Un conte de l'apocalypse a été créée le 28 janvier 2020, à Ottawa, au Studio A de la Nouvelle Scène Gilles Desjardins, une coproduction du Théâtre de la Vieille 17 et du Théâtre français du Centre national des arts.

Équipe de création

Texte : Robert Marinier
Conseils en dramaturgie : Maureen Labonté
Mise en scène : André Perrier
Assistance à la mise
en scène et régie : Lindsay Tremblay
Conseils artistiques : Esther Beauchemin
Scénographie : John Doucet
Lumières : Guillaume Houët
Environnement sonore : Martin Dawagne
Costumes : Judith DeBoer
Assistante aux costumes : Erika Lynne Scrivens
Direction technique : Emilio Sebastiao

Distribution

Roch Castonguay, Alexandre Gauthier, Magali Lemèle, Andrée Rainville, Anie Richer, Luc Thériault; et la participation de Joshua Carroll, Virginie Charland, Emmanuelle Gingras, Zackari Gosselin, Sophie Legault, Maxim Racicot-Doucet et Aryane Roberge, étudiants au Département de théâtre de l'Université d'Ottawa.

Les personnages

par ordre d'entrée en scène

Guy Coudonc : personnage principal, père de Denis
Héraut : il annonce les évènements qui se passent en coulisse
Denis Coudonc : fils de Guy et chef des rebelles
Policier 1 et Policier 2
Paul Galant : consultant en désinformation
Yvan Auberné : ancien courtier en valeurs mobilières
Deux gardes
Juge : un citoyen fidèle à la révolution
Un garde
Officier : responsable du peloton d'exécution
Jeune soldat
Rebelle 1, 2, 3, 4, etc.
Évadé 1 et Évadé 2
Le père : un réfugié
Jean : un réfugié, fils du père, ancien rebelle
Réfugié à la bêche
M. Graux : cherche à faire tomber le gouvernement, éminence grise
Garde(s) du corps de M. Graux

Notes sur les rôles et la distribution

Le personnage principal mène la pièce du début à la fin et ne quitte jamais la scène.

Le personnage principal est appuyé par six ou sept acteurs (minimum cinq) qui jouent tous les autres rôles.

Tous les personnages sont des hommes blancs.
La distribution doit se faire sans égard pour le sexe ou la race des comédiens.

Le héraut est un rôle, pas un personnage.
Il est interprété par quiconque est libre en coulisse au moment de la réplique.

Le décor : Au début, la scène est un grand espace vide. Au fond de la scène, il y a une entrée quelconque où, pendant le prologue, le héraut apparaît.

Au fur et à mesure que les scènes se joueront, l'espace scénique se démarquera plus clairement avec l'ajout de pendrillons qui viendront cacher ou dévoiler des éléments de décors, tels que des praticables, la table élevée du juge et ainsi de suite, selon la mise en scène.

⋮

Prologue

La scène est dans le noir. Une musique sinistre, digne des évènements dramatiques que le héraut va bientôt annoncer, se fait entendre.

Lentement, en avant-scène, côté cour, l'éclairage crée une pénombre qui révèle Guy debout, très droit, la tête penchée légèrement vers l'arrière.

Au fur et à mesure que l'éclairage monte, isolant Guy dans un faisceau de lumière, on se rend compte qu'il tente de se rappeler quelque chose. Il reste debout là un moment, incapable de s'en souvenir, mal à l'aise... et juste comme l'auditoire commence à être aussi mal à l'aise que lui...

N.B. Il s'adresse à l'auditoire sans le regarder directement. Il sait que l'auditoire est là, mais il ne peut ni le voir ni l'entendre.

GUY

Euhhh... Je n'ai rien. Un blanc. Le vide complet. Et il faut que ça soit à ce moment-ci que ça m'arrive. Je suis là pour un monologue et je n'ai rien. Je n'ai aucune idée de quoi il faut que je vous parle.

Au fond de la scène, une porte s'ouvre et un long jet de lumière apparaît sur la scène. Guy se retourne et attend.
Le héraut apparaît à la porte. Il consulte la tablette qu'il tient dans ses mains.

HÉRAUT

La ville de Londres est sous l'eau. Les pluies torrentielles sur Paris n'arrêtent pas. On a dû abandonner la moitié de la ville. Toute l'Europe est inondée à partir de la côte. Les Pays-Bas, on n'en parle plus. Le nombre de morts est dans les milliers.

Le héraut sort sans refermer la porte.

GUY

Il y a toujours la possibilité que ça soit ça qui est supposé arriver : un blanc de mémoire au moment du monologue. Vous dire que j'ai un blanc, ça serait ça le but du monologue.

Le héraut réapparaît dans le cadre de la porte.

HÉRAUT

La côte chinoise, le sud de l'Inde, le Bangladesh, le Vietnam quasiment disparus. Les morts se comptent par millions, les réfugiés par centaines de millions.

Le héraut sort en refermant la porte.
Guy reprend.

GUY

Mais là, pourquoi est-ce que le monologue serait à propos d'un trou de mémoire ? Ça dépend du genre de pièce dans laquelle je me trouve, j'imagine. Et moi ben, il faut juste que j'accepte qu'en étant au beau milieu de l'histoire, je ne sois pas en mesure de le savoir avant la fin. C'est mon lot.

La porte s'ouvre à nouveau, et le héraut entre.

HÉRAUT

Sur les grandes plaines de l'Amérique et les steppes de l'Eurasie, les sécheresses et les inondations à répétition ont dévasté l'agriculture et l'élevage.

Le héraut sort, sans fermer la porte.

GUY

Ça se pourrait aussi que ça soit juste l'acteur qui a oublié ses lignes. Ça arrive. Distrait. Peut-être nerveux. Le trac. Pourquoi pas ? Mais ça, tu ne veux pas trop y penser. Croyez-moi, si tu t'avances trop là-dedans, tu deviens comme un serpent qui se mange la queue.

Le héraut apparaît dans le cadre de porte.

Héraut

Le commerce international est en ruine. Le niveau élevé des océans rend les ports inutilisables. Les principales voies de transport terrestre sont inondées ou détruites par l'érosion. Les matières premières ne se rendent plus aux manufactures. Les marchandises ne se rendent plus aux marchés. Les étagères des épiceries sont vides. Les émeutes de la faim sont fréquentes, surtout dans les grandes villes.

Le héraut sort.
Guy revient à l'auditoire.

Guy

Êtes-vous toujours là ? Sûrement. Si moi je suis ici, vous devez être là. Des fois je me dis : qu'est-ce qui arriverait si je me pointais et que vous n'étiez pas là ? Veux dire, ça pourrait être l'entracte, vous pourriez être au bar ou aux toilettes, on ne sait jamais. Pis là ben, poof ! monologue récité dans le vide, pour rien. Vous revenez et il vous manque un bout de l'histoire. Je ne doute pas que vous soyez toujours là. Je me dis que... le temps étant relatif : la durée d'un spectacle pour vous est une vie entière pour moi – une vie entière, mais avec les bouts plates enlevés.

Le héraut apparaît dans le cadre de porte.

HÉRAUT

C'est officiel, la Floride est disparue sous l'eau.

Le héraut sort.

GUY

Ce n'est pas que je veux me plaindre, mais ce n'est pas facile quand tu peux seulement jouer les moments importants. Surtout quand il faut tenir compte de tellement d'affaires : la situation, ton rôle, les enjeux, le ton, le style... toutes des choses qui ne sont pas évidentes quand tu les vois de l'intérieur. Et même là, même quand j'arrive à comprendre et réagir correctement, je finis toujours par me demander si la scène est plausible, si ce n'est pas un peu trop arrangé avec le gars des vues. Sauf quand je suis avec Denis. Mon fils, Denis. Ah ! quand je suis avec lui...

Le héraut entre.

HÉRAUT

Au Canada, comme ailleurs, des manifestations contre l'inefficacité des autorités se transforment rapidement en affrontement avec les forces de l'ordre, qui, mal préparées, paniquent et n'hésitent plus à tirer sur les foules. On compte des centaines de morts, autant du côté des manifestants que du côté des forces de l'ordre.

Le héraut sort.

GUY

Je sais que Denis est juste un personnage dans la
pièce qui s'adonne à être mon fils, et que ça fait
partie de ma description de personnage d'avoir une
relation spéciale avec lui, mais quand je suis avec lui,
ce que je ressens, ce que je veux lui dire, ça me vient
de tellement creux au fond de moi, il me semble
que... On ne peut pas écrire ça. Ça se pourrait-tu
que ce soit ça l'amour, le vrai amour ?... Ou est-ce
que c'est juste comme ça qu'on l'écrit, l'amour ?

Le héraut entre, un peu énervé.

HÉRAUT

Il y a eu un coup d'État au Parlement ! Une faction
radicale du Parti vert a pris la Chambre des
communes en otage. Le « comité révolutionnaire
de l'insurrection » déclare que les bureaux de
Radio-Canada et de la CBC sont maintenant
occupés par sa milice armée. Elizabeth May a été
arrêtée par les membres de son propre parti, accusée
d'avoir trahi les idéaux écologistes de la gauche
verte. On craint pour sa vie.

Le héraut sort.

GUY

Ouin, mon fils. Je ne sais peut-être pas quoi dire
dans mon monologue, mais partez-moi pas sur mon
fils, vous en n'entendrez jamais la fin. Surtout là.

Avec tout ce qui se passe dans la pièce. S'il n'était pas si préoccupé à vouloir sauver la planète aussi. La révolution, changer le monde, se battre pour une cause, c'est tout ce qui l'intéresse. Qu'est-ce que vous voulez, il est jeune.

Le héraut entre et lit un texte officiel sur une feuille de papier.

HÉRAUT

« On demande à la population de rester calme. Un couvre-feu est en vigueur afin de garantir la sécurité de tous les Canadiens. Le nouveau gouvernement et les forces de l'ordre feront tout en leur pouvoir pour fournir à tout un chacun une quantité adéquate de nourriture. »

Le héraut sort.

GUY

Comme de raison, même si Denis est le personnage principal de l'histoire et qu'à cause de ça, il n'y a rien de vraiment grave qui peut lui arriver, ça m'inquiète quand même de penser qu'il prend des risques, qu'il pourrait être en danger. Oh ! Peut-être que c'est ça le but de mon monologue : vous parler de mon fils ?

Fin du prologue.

Denis entre, vêtu d'une chemise de camouflage et de jeans. En main, il a un sac de plastique transparent dans lequel on peut voir des boîtes de conserve, genre : pois verts, raviolis, lait concentré, sauce à pizza. Les étiquettes sont un peu décolorées.

DENIS

Papa !

GUY, *à l'auditoire*

Ah. Quelle coïncidence ! (*À Denis.*) Denis !

Denis donne le sac de nourriture à Guy. Guy le prend sans y porter attention.

DENIS

Tiens, je t'ai trouvé ça. À qui tu parlais ?

GUY

À personne.

DENIS

Papa ? À qui tu parlais ?

GUY

Je me parlais à moi-même.

DENIS

Tu ne parlais pas à... ?

GUY

Non, non, je me parlais à moi-même. C'est ce qui t'arrive après que ton enfant a quitté la maison et que tu vis trop longtemps tout seul.

DENIS, *calmement, avec autorité*

Écoute-moi bien, Papa. Je n'ai pas beaucoup de temps. Il faut que tu partes. Tu ne peux pas rester ici. Faut que tu partes et que tu disparaisses pour un bout de temps.

GUY

Quoi ?

DENIS

Tu ne peux pas rester ici. C'est trop dangereux.

Le héraut entre avec un texte officiel en main.

HÉRAUT

« Le gouvernement vient de voter une loi affirmant que tous ceux trouvés responsables du désastre écologique seront jugés pour crime contre l'humanité, passibles de la peine de mort... la peine de mort ayant été votée en loi seulement quelques minutes auparavant. » Ah oui, et... « Afin d'éviter toute confusion, la loi est rétroactive au 23 juin 1988. »

Le héraut sort.

DENIS

Comprends-tu là ?

Guy pige la dynamique de la situation et commence à jouer la scène comme il croit qu'elle devrait être jouée.

GUY

Je n'ai rien à craindre.

DENIS

Tu ne comprends pas. On a tous raison d'avoir peur.

GUY

Mais voyons.

DENIS

Ton nom est sur une liste, Papa. Une liste de gens que le nouveau gouvernement dit être responsables du désastre écologique.

GUY

Moi ? Je n'ai rien fait. Je ne suis aucunement
responsable de ce qui se passe.

DENIS

Mes ennemis savent que tu es mon père et ils t'ont
mis sur la liste des gens qu'il faut arrêter. Ils essaient
de m'atteindre comme ils peuvent. Il faut que tu
partes. Ils pourraient arriver ici d'un moment à
l'autre.

GUY

Mais où... où je dois aller ?

DENIS, *cherchant une réponse*

Nulle part où on pourrait penser te trouver. Pas
chez tes amis, pas chez la parenté.

GUY

Mais...

DENIS

Il y a le camp de vacances au lac des Canards. Où tu
m'envoyais quand j'étais petit. Tu te souviens
comment te rendre ? Le camp est abandonné depuis
que les étés sont devenus trop chauds. Il n'y a
personne qui va penser à te chercher là-bas. De là
on pourra te trouver une meilleure place où vivre.

Le héraut entre.

HÉRAUT

« Face à l'apostasie du défunt Parti vert, tous ses anciens membres sont accusés, par leur inaction, d'avoir nié le réchauffement de la planète. »

Le héraut sort.

GUY

Ce n'est pas ton parti, ça ?

DENIS

Ce n'est plus mon parti. La faction extrémiste a pris le contrôle. Elizabeth May a été arrêtée. On ne sait pas si elle est encore en vie. Moi, je me suis dissocié du parti et il y a un bon groupe qui m'a suivi. Et là, comme je viens de l'apprendre, on est maintenant hors la loi.

GUY

Mais c'est ridicule. Tu n'as jamais nié...

DENIS

Ils savent que les gens sont en colère et qu'ils cherchent quelqu'un à blâmer. Ils ont juste à me pointer du doigt et, aux yeux de tout le monde, je suis coupable.

GUY

Viens-tu avec moi ?

DENIS

J'ai encore beaucoup d'amis à avertir. Et... je ne
peux pas juste me cacher. Faut que je reste. La
démocratie est en jeu. Fini la complaisance. Il n'y a
rien qui va changer dans le monde si on n'agit pas.
On n'est pas beaucoup, mais on s'est tous engagés à
faire ce qu'on peut. La seule façon de sauver notre
démocratie c'est de se faire entendre. S'ils ne
veulent pas écouter nos paroles, ils devront réagir à
nos actions.

GUY

Ben, je reste moi aussi.

DENIS

Si tu restes, je vais m'inquiéter, Papa, et je n'aurai
pas le temps de m'occuper de toi. Je vais te rejoindre
au lac des Canards dans trois jours, quatre au top.
Viens.

Le héraut entre avec un texte officiel en main.

HÉRAUT

« La légitimité de la révolution vient d'être
confirmée par un vote unanime en chambre. Le
gouvernement est fier de rajouter que tous les
membres ont voté librement, selon leur
conscience. » (*Il quitte le texte officiel.*) On néglige
de mentionner que s'abstenir ou voter contre était
considéré comme un déni du réchauffement
planétaire et donc un crime contre l'humanité.

Le héraut sort.

GUY, *décidant de jouer la scène autrement*
Non, Denis. Je refuse de partir. J'ai mon rôle à jouer.

DENIS
Papa, qu'est-ce que tu dis là ?

GUY
Je reste à tes côtés, Denis. Je vais t'appuyer dans ta quête.

DENIS
Non, non ! Pas ça ! Ce n'est pas le temps de commencer ça !

GUY
Mais oui, Denis, pour changer l'histoire, il faut agir dans l'histoire !

DENIS
Papa, tu n'es pas dans une pièce de théâtre ! Tu m'entends, là ?

GUY, *sortant du jeu*
Denis ! Qu'est-ce que je t'ai dit à propos de briser le quatrième mur !

DENIS

Reviens sur terre, là. Tu dois partir. Il y a de
mauvaises choses qui vont t'arriver si tu ne
m'écoutes pas. Ce n'est pas du théâtre, là. Ce n'est
pas du faire accroire, c'est vrai ce qui se passe.

GUY, *en aparté à Denis*

Quoi, là ! ? Je n'ai pas joué la scène à ton goût
encore une fois ?

DENIS

Fuck ! Fais pas ça, Papa ! Ce n'est pas le temps !

*Denis veut prendre Guy par le bras, mais celui-ci se
dégage.*

GUY

J'essaie seulement de créer du conflit dans la scène.
Tu me dis de partir, je dis OK, ce n'est pas une
bonne scène ça. Si tu es obligé de me convaincre,
c'est mieux.

DENIS

J'ai fait un détour pour venir t'avertir. Je suis en
train de mettre ma mission en péril, Papa, fait que
ce n'est pas le temps de commencer tes affaires de
fou. Viens-t'en.

GUY

Tu vois, là. Tu vois comment c'est devenu dramatique. Ça veut sûrement dire qu'on a une grosse scène déchirante à jouer.

DENIS

Sais-tu ce qui va t'arriver si tu te fais prendre ?

GUY

Ce n'est pas moi qui l'écris, la pièce !

DENIS, *capitulant*

Faut que j'y aille. J'ai des gens à sauver qui veulent être sauvés. Et surtout, ne prends pas le temps pour un de tes « soliloques ». OK ? Ils vont être ici d'un moment à l'autre.

GUY

Ce ne sont pas des soliloques, ce sont des monologues. Le monologue est spécifique au théâtre.

Denis se dirige vers la sortie.

DENIS, *avant de sortir*

Papa, arrête tes folies... et sauve-toi. Commence à courir, et n'arrête pas avant d'arriver au lac des Canards. Fais ça pour moi. Je t'en supplie. Si tu restes, tu vas te faire prendre, je ne pourrai rien faire pour t'aider.

Denis sort.

GUY

Ahhh... Pourquoi est-ce que je finis toujours par
jouer la mauvaise chose avec lui ? Et là, il part, fâché
contre moi, comme si je l'avais trahi. C'est comme
ça qu'il me fait sentir, comme si je n'étais pas de son
bord. J'imagine que c'est le lot de tous les parents :
un jour, ton enfant se rend compte que tu es loin
d'être parfait, et là, il t'en veut de l'avoir déçu.

*Le héraut entre avec un texte officiel en main. Il regarde
par-dessus son épaule et on comprend qu'on le surveille
pour qu'il lise le texte officiel comme il est écrit, sans faire
de commentaires.*

HÉRAUT

« Le gouvernement vous demande de bien observer
les agissements de vos voisins, aujourd'hui et par le
passé, et de dénoncer tous ceux que vous
soupçonnez d'être coupables du déni du
réchauffement de la planète ou d'avoir agi comme
élément obstructionniste dans le combat contre les
changements climatiques. Le nouveau
gouvernement tient sa promesse : "Ils vont
payer !" »

Le héraut sort.

GUY

D'habitude, c'est moi qui lui dis quelque chose
comme : « Ce n'est pas à toi de t'inquiéter pour la
planète, la planète va survivre. » Et puis là, lui, il
s'emporte et dit que ça va être ses enfants qui vont
être pris à survivre sur une planète hostile. Et moi, il
y a juste une chose qui me rentre dans l'oreille et ça
sort tout seul de ma bouche : « Tu crois vraiment
qu'un jour je vais devenir grand-père ? Ça me
rendrait tellement heureux. » Je n'ai pas aussitôt
fini de parler que je vois sur son visage que je n'ai
pas compris la scène que je devais jouer... et là ça
commence : il m'accuse de ne pas le prendre au
sérieux et sort en claquant la porte et j'entends plus
parler de lui pendant des jours. Je les haïs, ces
scènes-là. Je voudrais tellement pouvoir les jouer
autrement... Mais j'imagine que ça ne fait pas partie
de ma description de personnage. Denis et moi, on
s'entendait si bien avant quand il était...

*Deux policiers entrent. Ils portent un uniforme de milice
– mélange de styles militaires de tout genre. Ils ont des
airs de voyous plutôt que d'officiers disciplinés. Ils sont
armés. Le premier présente un mandat d'arrestation à
Guy.*

POLICIER 1

Guy Coudonc ?

GUY

C'est moi.

POLICIER 1, *machinalement*

Guy Coudonc, je vous arrête par ordre du comité du châtiment exemplaire, mandaté par le nouveau gouvernement.

> *Le deuxième policier prend le sac de nourriture des mains de Guy et, pendant les répliques suivantes, partage les boîtes de conserve avec Policier 1. Ils mettent les boîtes de conserve dans les poches de leur uniforme.*

GUY

Pourquoi ?

POLICIER 1, *même jeu*

Vous êtes accusé de crime contre l'humanité.

GUY

Qu'est-ce que j'ai fait pour être accusé de ça ?

POLICIER 1

Vous l'apprendrez en temps et lieu.

GUY

J'ai le droit de savoir de quel crime on m'accuse.

POLICIER 1

Vos droits sont ceux que le nouveau gouvernement veut bien vous accorder, et comme vous êtes accusé de crime contre l'humanité, vous n'en avez pas.

GUY

Je veux parler à un avocat !

POLICIER 1

Inquiétez-vous pas pour les avocats, on a une cour toute spéciale juste pour eux.

GUY

Dans quelle sorte de pièce est-ce que je suis donc ?

POLICIER 1

Taisez-vous et suivez-moi.

Les policiers poussent Guy pour le faire avancer.
Un autre coin de la scène s'illumine pour nous laisser découvrir deux hommes dans une cellule – Paul Galant et Yvan Auberné. Les deux, l'air défait, sont assis au sol, le dos accoté au mur de la cellule. Auberné, complètement accablé, la tête baissée sur sa poitrine, pleurniche et s'apitoie sur son sort. Galant, lui, semble faire face à ce qui l'attend avec résignation.
Les policiers poussent Guy dans la cellule et quittent la scène.

GALANT

Tiens, un nouveau compagnon de cellule.

GUY, *pour lui-même*

Ah, une scène de prison.

AUBERNÉ, *pour lui-même*

J'aurais donc dû... j'aurais donc dû...

GALANT

T'arrives à temps. (*Il pointe Auberné, qui vraisemblablement commence à l'ennuyer avec ses plaintes.*) On est justement en train de faire la liste de nos regrets.

AUBERNÉ, *pour lui-même*

Pourquoi je ne l'ai pas fait quand il fallait ?

GALANT

Tu n'aurais pas de quoi manger par hasard ?

GUY

Les policiers m'ont tout pris.

AUBERNÉ, *pour lui-même, se frappant la tête*

Imbécile, d'imbécile, d'imbécile.

GALANT

Et toi, qu'est-ce qui t'amène parmi nous ?

GUY

Moi ? Ah, moi, je suis innocent. Je ne suis pas censé être ici. À moins que ce soit ça qui est censé se passer.

AUBERNÉ, *pour lui-même*

J'aurais donc dû !

GALANT

Hé, mon ami, je ne veux pas détruire tes illusions, mais je pense que tu te trompes de prison, là.

Le héraut entre avec un texte officiel en main.

HÉRAUT

« Dans le but de créer une nouvelle société écologique et inclusive, une purge des éléments réactionnaires dans la population est requise. Tous les membres du barreau, ainsi que tous les employés du système judiciaire ont été arrêtés pour avoir activement ou tacitement dénoncé la révolution et nié le réchauffement de la planète. »

Le héraut sort.

GALANT

Ici, t'es coupable par le fait même d'avoir été arrêté. Le monde est rendu là.

AUBERNÉ, *pour lui-même se frappant la tête*

Pourquoi je n'ai pas vendu mes parts pendant qu'elles valaient encore quelque chose ?

GALANT, *à Guy qui tente de suivre le discours d'Auberné*

Il s'est fait construire un bunker pour quand la révolution viendrait. Creusé derrière son manoir au bord de la mer.

AUBERNÉ, *pour lui-même*
Je le voyais venir.

GALANT
Il avait planifié se servir de sa prime de rendement
pour le payer, mais avec l'économie en chute libre
(*baisse un peu le ton puisque c'est un sujet délicat*) et
tous les mauvais investissements qu'il avait faits
pour ses clients...

> *Auberné lui lance un regard voulant dire « ne me le
> rappelle pas ».*

AUBERNÉ, *pour lui-même*
Toilette chimique, douche, internet, à l'abri d'une
catastrophe nucléaire.

GALANT
Oh, il a quand même eu sa prime, mais pas aussi
grosse que d'habitude... Il avait tout de même fait
perdre beaucoup d'argent à beaucoup de monde.

AUBERNÉ, *pour lui-même*
Si j'avais tout vendu, j'aurais eu l'argent pour me le
payer.

GALANT
En tout cas, il a dû se contenter d'un modèle moins
cher.

AUBERNÉ, *pour lui-même*
Maudite prime de merde. Maudit bunker de merde.

GALANT
Quand ils sont venus le chercher, il s'est terré dans son bunker.

AUBERNÉ
Ni vu ni connu.

GALANT
Comme de raison, ils ne l'ont pas trouvé. Ils ont pris tout ce qu'il y avait dans sa maison, mais lui, ils ne l'ont pas trouvé.

AUBERNÉ
J'étais gras dur.

Le héraut entre avec un texte officiel en main.

HÉRAUT
« L'habit trois-pièces sera dorénavant reconnu comme le symbole officiel de la cupidité et du déni du réchauffement de la planète. Le port de l'habit trois-pièces est désormais considéré comme une atteinte aux bonnes mœurs. »

Le héraut sort.

GALANT

Mais avec le niveau de la mer qui n'arrêtait pas de monter et le bunker qui n'était pas parfaitement étanche...

AUBERNÉ

Deux ans de nourriture déshydratée... hydratée.

GALANT

Quand je l'ai trouvé, il était toujours dans son bunker avec de la bouffe jusqu'au nombril. Je l'ai sorti de là et on a essayé de se dissimuler dans la population.

AUBERNÉ, *pour lui-même*

Maudites bottes de merde.

GALANT

On s'est fait arrêter pendant qu'on attendait en ligne à la soupe populaire.

AUBERNÉ, *pour lui-même*

Tellement confortables ces bottes-là.

GALANT

Tout le monde a remarqué ses bottes.

AUBERNÉ

Un gars n'a plus le droit de s'acheter de belles choses.

GALANT

Avant la crise, elles auraient valu au moins deux mois de salaire pour les gens en ligne avec nous autres.

AUBERNÉ, *pour lui-même*

Maudits écologistes de merde.

> *Deux gardes entrent, regardent les trois prisonniers, reconnaissent Auberné, l'empoignent sous les aisselles et sortent avec lui.*

Non ! Non ! Pas moi ! Prenez eux autres en premier. Vous n'avez pas le droit ! Je n'ai jamais rien fait d'illégal !

GALANT, *vers Auberné qui disparaît*

Et ne dis surtout pas que tu agissais selon tes obligations fiduciaires ! (*À Guy.*) La rumeur court que si tu cherches à te défendre en disant que tu agissais selon des obligations fiduciaires, ça te mérite une condamnation automatique.

GUY

Sais-tu où on l'emmène ?

GALANT

Aucune idée. Mais je commençais à être fatigué de l'entendre se plaindre. T'as fait ce que t'as fait. T'avais le choix. Maintenant, accepte les conséquences.

GUY

Et toi, pourquoi on t'a arrêté ?

GALANT

Parce que je travaillais pour lui. Son portfolio était
majoritairement en production énergétique :
charbon, pétrole. Et avec les écolos qui n'arrêtaient
pas de crier et de brandir leurs données scientifiques
sous le nez de tout le monde, il a voulu protéger ses
investissements, fait que... c'est pour ça qu'il a
embauché un gars comme moi. Je suis vendeur de
doute. Quoi ? Pensais-tu que toute la
désinformation se créait par elle-même ?

*Donnant un exemple, plus pour se faire valoir que pour
prouver quelque chose, genre marchand forain.*

Tu dis que c'est la fin du monde ? Ben moi je
connais au moins trois experts qui vont te prouver
le contraire.

GUY

Connais-tu vraiment trois experts ?

GALANT

C'est-tu important ?

GUY

Ben... Tu vois, c'est justement ce que je disais
tantôt... comment veux-tu que je comprenne la
situation si en plus je n'ai aucune idée si on me dit
la vérité ou non ?

GALANT

Tu me croirais si ça t'arrangeait de me croire. Et si tu ne me crois pas : (*Même jeu.*) Ben, je connais trois personnes qui vont te dire que je les connais, les trois experts. Là me crois-tu ?

GUY

Je ne le sais plus ce que je dois croire. Il y avait 97 % des scientifiques qui disaient que la terre se réchauffait, et il y en avait seulement 3 % qui disaient que le 97 % se trompaient... et c'était le 3 % qu'on croyait.

GALANT

Parce que c'était ça que le monde aimait mieux croire.

Le héraut entre.

HÉRAUT

Aux États-Unis, avec le niveau de la mer qui ne cesse de monter, la population des états du Sud a été forcée à chercher refuge au Mexique, mais leur voie de secours a été barrée par le mur qu'ils ont eux-mêmes érigé pour empêcher les Mexicains d'entrer chez eux.

Le héraut sort.

GALANT

Veux-tu savoir ce que je regrette, moi ? Que le
mouvement écolo n'ait pas eu plus d'argent. Parce
qu'il aurait pu bénéficier de mes services.
Quoique... je ne sais pas si j'aurais pris la job. « La
fin du monde s'en vient, faut tout changer notre
style de vie... » C'est bien plus facile de vendre la
notion de « continuez donc à faire ce que vous
faites, dérangez-vous pas ». Surtout aux
Américains. C'est assez impressionnant ce que les
gens au pouvoir sont prêts à payer pour protéger
leurs privilèges. Tu ne peux pas t'imaginer l'argent
que j'ai fait aux États... Ah, les beaux jours !

GUY

Moi, ce que je regrette, c'est de ne pas avoir écouté
Denis et d'avoir fait un euh... Denis, c'est mon fils.
C'est un écologiste. Je suis très fier de lui. Il
travaillait pour le Parti vert.

GALANT

C'est ton fils qui t'a fait arrêter ?

GUY

Non, non. Denis a quitté le parti quand les
extrémistes ont pris le pouvoir. C'est à cause de lui
que je me suis retrouvé sur la liste. C'est un ennemi
de l'État maintenant.

GALANT

Ben, là tu sais pourquoi on t'a arrêté. On veut te soustraire de l'information au sujet de ton fils ?

GUY

Oh ? Peut-être. Mais ce n'est pas vraiment ça qui m'inquiète. J'ai peur d'avoir changé le déroulement des événements. Je ne suis pas sûr que le fait de me retrouver ici c'est exactement ce qui devait se passer. Denis va encore être fâché contre moi. Je ne pense pas que c'est comme ça qu'il aurait voulu que son histoire se joue.

GALANT

Bien, je me sens mal pour toi, parce que moi, je n'aurai aucun remords à nommer des noms. Ils n'auront même pas besoin de me menacer de torture, je suis prêt à leur servir mes associés sur un plateau d'argent.

GUY

La torture ? Je n'avais pas pensé à ça.

GALANT

Mais peut-être pas.

GUY

Ça se pourrait-tu que ça soit le rôle que j'ai à jouer dans son histoire ?

GALANT
Comment ça, « dans son histoire » ?

GUY
Oh, tu ne savais peut-être pas, mais Denis, c'est le
personnage principal.

GALANT
Hein ?

Les deux gardes reviennent.

GALANT, *en voyant les gardes, à Guy*
Bon bien, je pense que le reste de notre
conversation, ça sera pour une autre fois.

*Les gardes regardent les deux prisonniers, reconnaissent
Galant et avancent vers lui. Avant qu'ils ne puissent le
prendre, Galant se lève et leur fait signe qu'il va les
suivre, pas besoin de le malmener. Les gardes ne le
touchent pas.*

GALANT, *en prenant position entre les deux
gardes, à Guy*
Moi, c'est Paul Galant.

GUY
Guy Coudonc.

GALANT
On se souhaite bonne chance ?

GUY

Bonne chance.

Un des gardes met sa main sur l'épaule de Galant pour le diriger vers la sortie. Ils sortent en silence, laissant Guy seul.

Guy continue à regarder la sortie quelques secondes avant de se retourner. Il regarde autour de lui : il est seul et...

Quoi ? C'est-tu encore le temps d'un monologue ? (*Il pense, mais ne trouve rien à dire.*) S'cusez. Je n'ai rien. Je suis trop préoccupé par l'affaire de la trame dramatique... J'ai peut-être viré l'intrigue tout à l'envers. À moins que ce soit ça qui devait arriver, que je me fasse arrêter. Mais pourquoi ? J'espère que ce n'était pas pour que je trahisse mon fils : l'histoire d'un héros qui lutte pour une grande cause et qui se voit trahi par le personnage secondaire de son père qui succombe à la torture... (*il pense à ça*) ou à la menace de torture. Mais j'ai peur que ça soit l'autre possibilité : qu'en faisant mon monologue j'ai changé la trame dramatique et l'histoire n'est plus ce qu'elle devait être. Veux dire, la dernière scène avait l'air d'avoir été mise ensemble un peu à la dernière minute : pas vraiment de décors, des personnages qu'on n'a jamais vus avant, un dialogue plein d'expositions qui ne fait pas avancer l'histoire. (*Il hausse les épaules.*) Mais, je n'y peux rien. Ce qui est fait est fait... et comme il disait dans la dernière scène, il faut que j'accepte les conséquences. Fait que, peu importe, quand ils vont venir me chercher, je ne leur dirai rien au sujet de Denis... (*il pense à ça*) en premier ça... après, on verra.

> *Les deux gardes entrent de nouveau.*

Bon, tiens, justement.

> *Guy se place entre les deux gardes et il se laisse mener hors de sa cellule.*

> GUY, *discrètement à un des gardes*

Je sais qu'il est possible que je me fasse torturer. Tout ce que je demande c'est qu'on garde ces scènes-là aussi courtes que possible.

> *Les gardes mènent Guy vers un coin de la scène où apparaît un juge assis derrière une table sur une plateforme élevée. Sur la table il y a de la nourriture de toute sorte – genre repas prêt à manger – enveloppée dans du cellophane.*
> *Les gardes retiennent Guy jusqu'à ce que le juge les remarque. Les gardes attendent. Le juge se rend compte qu'il a oublié leur récompense et, sans trop regarder, prend sur la table un sandwich – sûrement périmé – dans un contenant en plastique triangulaire et leur lance. Une fois le sandwich en main, le premier garde pousse Guy vers l'avant et sort en commençant immédiatement à déballer le sandwich alors que l'autre l'accompagne en attendant avidement sa part.*

JUGE

Guy Coudonc ?

GUY

C'est moi.

JUGE

Guy Coudonc. Vous êtes accusé de crime contre l'humanité. Votre culpabilité ne fait aucun doute. Êtes-vous prêt à avouer ?

GUY, *croyant comprendre la scène, il se met à jouer*

Pensez-vous que je ne sais pas ce que vous faites ? Vous faites tout ça dans l'espoir de m'intimider. Mais je ne vous dirai rien. Vous pouvez me faire ce que vous voulez, mais jamais – et je répète –, jamais je ne vous donnerai mon fils !

JUGE

Quoi, votre fils ?

GUY

Vous voulez que je trahisse mon fils.
Devant le regard confondu du juge, Guy sort du jeu.
Ce n'est pas pour ça que je suis ici ?

JUGE

Vous êtes ici parce que vous êtes sur la liste.

GUY

Vous ne voulez pas savoir où se trouve mon fils ?

JUGE

Savez-vous où il est ?

GUY

Non.

JUGE

Bon, on continue.

GUY, *incertain, il reprend le jeu*

Et même si je le savais, jamais, mais jamais je ne dévoilerais quoi que ce soit à son sujet. Je suis prêt à sacrifier ma vie pour le protéger !

JUGE

On peut vous arranger ça.

Le héraut entre avec un texte officiel en main.

HÉRAUT

« Pour que la justice soit équitable, il faut punir tous ceux qui ont eu la témérité de mourir avant de répondre de leurs crimes écologiques. Dans ce but, le gouvernement a voté une loi qui transmet la culpabilité de père en fils. L'ordre est donné à tous les descendants des gens condamnés à titre posthume de se rendre immédiatement au centre de détention le plus près. »

Le héraut sort.

JUGE

Êtes-vous prêt à avouer ?

GUY, *reprenant le jeu*

Non ! Certainement pas, non ! Je n'avouerai rien,
car je n'ai rien à avouer. Je veux me défendre contre
ces accusations sans fondements.

JUGE, *agacé*

Vous voulez vous défendre ? Dépêchez-vous. J'ai
des quotas à remplir. Guy Coudonc, vous êtes
accusé d'avoir ou bien nié le réchauffement de la
planète et / ou nié le fait qu'il est causé par l'activité
humaine et / ou – plus probablement – fait
obstruction pour empêcher la société de prendre les
mesures nécessaires pour le combattre. Bon. Allez-y,
défendez-vous.

GUY

D'accord. Pour commencer, je n'ai jamais rien nié
ni agi contre. J'ai toujours recyclé et composté ;
avec Denis à la maison, je n'avais pas bien, bien le
choix.

JUGE

Mais encore ?

GUY

Oh ! Quand Denis était au secondaire, j'ai organisé
un débat sur le réchauffement de la planète à son
école. C'est sûrement écrit dans ma description de

personnage. Je l'avais organisé pour que les étudiants aient une meilleure idée de toute la recherche qui avait été faite sur le phénomène, et aussi pour les aider à comprendre la différence entre un fait scientifique et une observation anecdotique. C'est une des rares fois où Denis a été fier de moi d'ailleurs.

> *Le héraut entre avec un texte officiel en main. Un spot s'allume sur le juge.*

HÉRAUT

« Fidèles à la cause écologique, porte-étendards de la révolution, ils n'hésitent pas à quitter leur emploi quotidien, baristas, enseignants, plombiers, pour endosser la robe de juge afin de rendre justice aux milliers de criminels responsables du réchauffement planétaire. Malgré la surabondance de cas à juger, ils continuent à tenir haute la fragile balance de la justice en maintenant une moyenne de 100 % de condamnations. Félicitations aux nouveaux juges qui prennent place au panthéon des héros exemplaires de la révolution. »

> *Il quitte le texte officiel, et sans laisser paraître sa dérision...*

C'était un message d'intérêt public du nouveau gouvernement.

> *Le spot sur le juge s'éteint. Le héraut sort. Guy commence à s'inquiéter.*

JUGE
Vous avez organisé un débat ?

GUY
Oui.

JUGE
Entre un scientifique éclairé et un négateur-obstructionniste ?

GUY
Oui.

JUGE
Un contre un ?

GUY
Oui.

JUGE
Vous saviez que 97 % des scientifiques étaient d'accord avec la science, contre 3 % qui, pour protéger leur financement, disaient que c'était de la foutaise ?

GUY
Oui ?

JUGE
Un rapport de 32.333 à un.

GUY, *sentant la soupe chaude*

Ouuui ?

JUGE

Pourquoi n'y avait-il pas 32.333 scientifiques présents pour défendre la science ?

GUY

Ben...

JUGE

Donc... vous admettez avoir – et ça de façon malveillante et haineusement subliminale – corrompu notre jeunesse en lui donnant l'impression que les arguments des négateurs avaient le même poids que ceux de 97 % des scientifiques, donnant ainsi de la légitimité à leur position. La cour n'a d'autre choix que de vous prononcer coupable... immédiatement... À moins que vous ayez d'autres preuves à nous fournir ?

GUY

Vraiment ? C'est ça la conclusion que vous en tirez ?

JUGE

C'est une cour révolutionnaire, à quoi vous vous attendiez ?

GUY

Et vous êtes sûr que ça n'a rien à voir avec mon fils ?

Le juge saute de sa chaise.

JUGE

Non ! Ça a à voir avec vous ! Vous et votre race !
Finalement, après toutes ces années à manipuler
l'opinion publique...

*Pendant les prochaines répliques du juge, Guy est isolé
dans un faisceau de lumière alors que l'éclairage de la
scène autour de lui baisse. Guy cherche à comprendre ce
qui lui arrive alors que le juge, dans l'ombre, poursuit sa
diatribe.*

GUY, *pour lui-même*
Ce n'est pas pour Denis ?

JUGE

... et tenir la vérité en otage pour vous enrichir au
détriment de l'environnement et de la santé
publique, le temps est enfin venu de payer pour vos
crimes. Une justice longtemps attendue !...

GUY, *pour lui-même*
Pourquoi est-ce que vous me faites ça, à moi ?

JUGE

... La justice qui attend tous ceux qui ont ignoré les
preuves scientifiques, tous ceux qui sont restés
sourds aux demandes d'action, tous ceux qui ont
semé le doute sur les motivations des chercheurs,
tous ceux qui ont mis leur profit à court terme
au-devant des solutions à long terme !...

Guy finit par comprendre quelque chose qui l'étonne. Sur son visage, on peut suivre son cheminement : « Ça se pourrait-tu ? » « Non, ça ne se peut pas. » « Mais quoi d'autre est-ce que ça pourrait être ? » Il finit par se convaincre qu'il a raison et un grand sourire apparaît sur son visage.

JUGE

... Si l'humanité est en péril, vous en êtes directement responsables. S'il faut que la race humaine disparaisse, vous serez les premiers à partir ! Et vous ne pouvez pas savoir à quel point je suis heureux et honoré de participer à votre châtiment !

Soudainement, l'éclairage remonte et nous ramène au moment présent.

Pourquoi souriez-vous ?

GUY

Huh ? Je souriais ?

JUGE

Oui ! Je viens de vous dire que je prends plaisir à vous condamner, et vous souriez.

GUY

Ce n'était pas voulu.

JUGE

Et pourtant.

GUY

C'est que... Je viens de me rendre compte que ce
n'est pas à propos de Denis. C'est à propos de moi.

JUGE

Et ça vous fait sourire ?

GUY, *son sourire lui revient*

Ben, seulement parce que je sais que peu importe ce
qui m'arrive maintenant, je vais finir par m'en
sortir. Je vais éventuellement gagner et avoir le
dessus sur vous.

JUGE

Êtes-vous en train d'admettre que vous avez des
plans pour faire tomber le gouvernement ?

GUY

Non, non, c'est que je sais que je vais m'en sortir,
parce que – puis ça je viens tout juste de m'en
rendre compte – c'est moi le personnage principal !
Le héros de l'histoire ! C'est ce qui m'arrive à moi
qui compte. Vous, ben, vous ne comptez pas
tellement.

JUGE

Vous vous moquez de la cour ?

GUY

Oh, s'cusez, s'cusez, je ne voulais pas briser le quatrième mur. M'excuse. Vous pouvez continuer. Je n'ai rien dit.

JUGE

Vous pensez peut-être que c'est une comédie qu'on joue ici ?

GUY

Non, c'est plutôt un drame, je dirais.

JUGE

Et si je vous disais que je vous condamne au peloton d'exécution, vous trouverez ça tout aussi drôle, j'imagine ?

GUY

Non... En tout cas. Faites ce que vous devez faire.

JUGE, *au garde en coulisse*

Emmenez-le ! (*Le garde entre.*) Il est condamné au peloton d'exécution. Je me fous des formalités, je le veux contre le mur à la première occasion.

Le juge lance une nourriture quelconque au garde, qui l'attrape et ensuite saisit Guy et le dirige vers la sortie.
    Pendant qu'il cache la nourriture dans son uniforme, le garde pousse Guy vers un espace noir qui s'éclaire pour nous laisser découvrir Paul Galant et Yvan Auberné,

qui sont déjà devant le mur d'exécution. Ils ont la mine basse. Devant eux, il y a un officier de la révolution accompagné d'un jeune soldat – dans un uniforme un peu trop grand pour lui – avec une mitrailleuse.

Tout au long de la scène, Auberné pleurniche et se plaint sans qu'on puisse trop comprendre ce qu'il dit. On peut déceler certains bouts de phrase tels que : je suis innocent ; je n'ai rien fait d'illégal ; j'avais des obligations fiduciaires. À l'acteur et la mise en scène de les placer.

GARDE, *à l'officier, en parlant de Guy*
C'est un cas prioritaire.

OFFICIER
Mets-le avec les autres.

Le garde pousse Guy entre Galant et Auberné. Guy n'est pas du tout inquiet.

Pendant les prochaines répliques, l'officier se tourne vers le garde pour recevoir sa part de la prime, mais le garde lui fait signe qu'il n'a rien reçu et quitte la scène avant que l'officier ne puisse protester. Se doutant qu'il s'est fait avoir, l'officier revient tout de même à sa tâche et va chercher les bandeaux pour les yeux des condamnés.

GUY
Paul ?

GALANT, *résigné*
Guy ! Content de te voir... quoique les conditions pourraient être meilleures.

GUY
Belle coïncidence.

GALANT
Tu n'as pas l'air trop mal en point. On ne t'a pas
torturé ?

GUY, *à la « qui l'aurait cru »*
Ils ne voulaient rien savoir au sujet de mon fils.
C'était à propos de moi.

L'officier se place devant Galant et lui offre un bandeau.

OFFICIER
Bandeau ?

GALANT
Non merci. Si vous êtes pour m'exécuter, ayez au
moins le courage de me regarder dans les yeux.

OFFICIER
Fais le brave tant que tu veux.

GALANT
Tu ne m'offres pas une dernière cigarette ?

OFFICIER
On n'a pas le droit de fumer à moins de dix mètres
de l'édifice.

GALANT
Vraiment ?

OFFICIER

C'est peut-être une révolution, mais on respecte quand même la santé des autres ici. (*Il se tourne vers Guy.*) Bandeau ?

GUY

Non, ça va.

OFFICIER

Tu veux qu'on te regarde dans les yeux toi aussi... Qu'est-ce que t'as à sourire ?

GUY

Je souris ?

OFFICIER

Oui. Tu es à la veille de mourir et tu souris ?

GUY

Je ne m'en rendais pas compte.

L'officier se place devant Auberné et, sans lui demander, lui met un bandeau sur les yeux. Auberné continue à pleurnicher.

OFFICIER, *toujours à Guy*

Tu penses nous impressionner en souriant devant la mort ?

GUY

Ah, ça ? C'est parce que je ne peux pas mourir.

OFFICIER

On en est tous capables, crois-moi.

GUY

On va venir me sauver... probablement à la dernière
seconde, comme il se doit.

OFFICIER

Bon, bien, ils sont mieux de faire vite.

*L'officier se place à côté du soldat avec la mitrailleuse.
Au soldat.*

Prépare ton arme.

Le soldat arme la mitrailleuse.

GALANT

Pas de derniers mots ?

OFFICIER, *en riant*

Vous n'en avez pas besoin, vous allez être sauvé à la
dernière seconde.

GUY

Crois-moi pas, tu vas voir.

OFFICIER, *au soldat*

En trois. Un... (*Il lève le bras.*) Deux...

Le téléphone de l'officier sonne.

OFFICIER, *au soldat*

Un instant.

L'officier sort son téléphone et répond.

Oui, allô ! (...)

GUY, *discrètement à Galant*

Ils ne peuvent pas nous exécuter, c'est moi le personnage principal.

GALANT

Hein ?

OFFICIER, *toujours au téléphone, il se tourne vers les trois condamnés*

Guy Coudonc ?

GUY

C'est moi.

OFFICIER, *reprenant sa conversation téléphonique*

Oui, il est ici. (...) Comment ça, il a sauté sa place dans l'ordre ? (...) On m'a dit que c'était un cas prioritaire. (...) Je m'en fous, il est déjà au mur. (...) Débrouille-toi avec ta bureaucratie, moi j'ai des quotas à remplir !

Il raccroche.
En souriant à Guy :

Tu pensais que c'était le coup de téléphone qui allait te sauver ? Mauvaise nouvelle. (*Au soldat.*) Prépare-toi. En trois.

Le soldat arme la mitrailleuse.

Un... (*À Guy, moqueur.*) Où est-ce qu'ils sont tes sauveteurs, hein ?

Guy ne semble pas plus inquiet qu'il ne le faut et regarde nonchalamment vers les coulisses pour voir de quel côté ses sauveteurs vont arriver.

Officier, en levant le bras :

Deux... (*Irrité, à Guy.*) On va voir si tu vas garder ton petit air une fois plein de trous. Tr...

Le téléphone de l'officier sonne à nouveau.

Merde ! (*Il répond.*) Oui ! Allô ! (...) Oui Monsieur le juge. (...) Guy Coudonc, oui, il est là. (...) Déjà au mur, oui ! (...) Vous avez réglé ça avec mon adjudant. (...) Procéder à l'exécution, certainement. (...) Merci Monsieur le Juge. (*Il raccroche. À Guy.*) Penses-tu toujours qu'on va venir te sauver ?

GUY

Ça ne peut pas être autrement. C'est moi le personnage principal, je ne peux pas mourir... en tout cas, pas avant la fin.

OFFICIER

De quoi ? Personnage de quoi ? C'est quoi cette histoire-là ? Il n'y a rien qui t'empêche de mourir !

GALANT

Il est tout de même encore en vie.

OFFICIER

Toi, ferme ta gueule ! (*Au soldat.*) Prépare-toi ! En trois ! (*À Guy.*) On va voir si tu ne peux pas mourir ! Un...

On entend des coups de feu au loin.

AUBERNÉ, *n'y croyant pas*

Mon Dieu, qu'est-ce que c'est ça ?

OFFICIER

Ta gueule, je t'ai dit !

Tout le monde écoute quelques secondes. Les coups de feu se sont rapprochés et transformés en bruit de combat avec mitrailleuse et explosion.

GALANT

Ça se pourrait-tu ?

Même Auberné cesse de pleurnicher, lève la tête et écoute avec espoir.
Le héraut entre.

HÉRAUT

On vient d'apprendre que des forces antigouvernementales ont pris d'assaut l'ancien stade où sont détenus tous les prisonniers accusés de crime contre l'humanité.

Le héraut sort.

Réactions de joie de la part de Galant et Auberné. Le jeune soldat ne sait pas quoi faire.

OFFICIER, *pour lui-même*

Ça ne se passera pas comme ça.

Au soldat, en levant le bras :

Deux...

Le téléphone de l'officier sonne.

OFFICIER

Shit de goddam ! (*Il répond.*) Oui ! Allô ! (...) Envoyer tous mes hommes pour défendre le bureau central ?

En entendant ces mots, le jeune soldat, apeuré, sort et se dirige immédiatement vers le bureau central – ou du moins, c'est ce qu'on s'imagine. L'officier ne le voit pas partir.

OFFICIER, *au téléphone*

(...) Laisser faire les prisonniers ? Mais les exécutions ? À vos ordres, commandant !

Il raccroche et se tourne vers Guy.

J'ai juste besoin de lui dire que l'exécution avait déjà eu lieu. (*Au soldat.*) Prépare-toi ! En trois !

Il se retourne et se rend compte que le soldat n'est pas là.

Mais il est parti où ? Ça ne change rien ! (*Il sort son révolver. À Guy.*) J'ai dit que tu allais être exécuté et tu vas être exécuté.

Denis entre en trombe et braque son arme sur l'officier.

DENIS
Pas si vite ! Il n'y aura plus d'exécution aujourd'hui !

GUY
Denis !

L'officier laisse tomber son arme et lève les mains.
D'autres rebelles entrent, emportent l'officier et libèrent
Galant et Auberné.

DENIS, *en libérant Guy*
Papa, quand j'ai su que tu t'étais fait arrêter, j'ai
convaincu mes gens qu'il fallait venir te libérer.

GUY
Denis, je savais que tu allais venir me sauver. Il
fallait que ça soit toi qui viennes.

DENIS
Pourquoi il fallait que ça soit moi ?

GUY
Ben...

DENIS
Papa ?

GUY
C'était une question de convergence dramatique
dans la...

DENIS

Laisse faire, Papa, je ne veux pas le savoir.

GUY

C'est toi qui as demandé.

DENIS, *se rendant compte de quelque chose*

Papa... où étais-tu quand tu t'es fait arrêter ?

GUY, *hésitant*

Euh... Chez moi.

DENIS

T'as fait un monologue ! Malgré ce que je t'ai dit, tu as quand même fait un monologue !

GUY

Oui. C'était important qu'on sache comment je me sentais.

DENIS

J'ai risqué la vie de mes compagnons, Papa. Sans compter que si on n'était pas arrivés à temps, je t'aurais retrouvé dans la fosse commune avec tous les autres.

Un rebelle s'approche.

REBELLE 1

Denis ? Qu'est-ce qu'on fait avec tous les prisonniers qu'on vient de libérer ?

DENIS
Tu les laisses partir.

REBELLE 1
Mais ils sont tous coupables d'avoir causé le
réchauffement de la planète.

DENIS
Veux-tu continuer les exécutions ?

REBELLE 1
Ben... Je... Non.

DENIS
Laisse-les se débrouiller avec le dégât qu'ils ont
causé. C'est la justice qu'ils méritent.

Rebelle 1 salue de façon informelle et quitte la scène.

DENIS
Là Papa, tu vas te rendre au lac des Canards comme
on avait dit. C'est la seule place où tu pourras être à
l'abri de tout ce qui se passe.

GUY
Tu n'as pas à t'inquiéter pour moi, Denis. Je vais
toujours finir par m'en sortir. Je me suis rendu
compte que c'est moi le personnage principal.

DENIS, *excédé, découragé*
Papa... Ah Papa... tu ne peux pas continuer à penser comme ça. Penser que tu es le personnage principal ne va pas te protéger.

GUY
Ça a marché jusqu'à maintenant ; t'es venu me sauver.

DENIS
Papa ! Arrête ! Je veux que tu te rendes au lac des Canards. Tu m'entends, là ? Au lac des Canards, nulle part ailleurs.

Rebelle 1 revient en courant.

REBELLE 1, *presque sans s'arrêter*
Denis, il faut y aller !

Rebelle 1 sort en vitesse.

GUY
Est-ce que tu vas venir me rejoindre ?

DENIS
Je ne sais pas. Les choses se corsent ici, ça fait que...

GUY
Viens quand tu peux. Je vais t'attendre.

DENIS

Je te le promets, Papa.

Denis lui tend la main, mais Guy le prend dans ses bras.
Denis se défait de l'étreinte et, en sortant...

Ah, Papa, je voulais te dire... j'ai... j'ai trouvé quelqu'un, je suis en amour.

GUY, *surpris, réjoui*

Ah !

Denis lui envoie la main une dernière fois avant de sortir en vitesse.

Une fois Denis parti, Guy soupire et commence à marcher vers le lac des Canards. Il fera des allers-retours d'un côté à l'autre de la scène tout le long du monologue.

Ah. Être en amour, c'est peut-être tout qu'il lui faut pour qu'il se calme un peu et arrête de prendre autant de risques. J'ai toujours dit qu'il avait besoin de quelqu'un... qui dépend de lui, qui a besoin de lui, de quelqu'un à qui ça ferait beaucoup de peine s'il n'était plus là... à part son père, bien entendu. (*Il s'arrête.*) Ah ben tiens, j'ai commencé un monologue sans même y avoir pensé.

Il se remet à marcher, le pas plus léger.

Ça doit être ça qui t'arrive quand c'est toi le personnage principal ? Le PP !

Il s'arrête et devient sombre.

Oh ! C'est moi le personnage principal. C'est moi qui l'ai toujours été. Ça n'a jamais été Denis.

Il se remet à marcher, le pas lourd.

Moi, je m'inquiétais pour lui, même si je savais que rien de mal ne pouvait vraiment lui arriver. Mais là, s'il est un personnage secondaire... S'il est là uniquement pour faire ressortir les aspects fondamentaux du PP – en l'occurrence, moi – n'importe quoi pourrait lui arriver... même le pire. Parce que tout est à propos de moi. Et je n'ai aucune idée de ce que l'intrigue me réserve comme épreuve. Et il n'y a pas plus grande épreuve que... perdre son... Quand je pense que j'ai passé tout ce temps-là à être faussement inquiet pour lui quand j'aurais dû être inquiet pour vrai... ça me donne comme... le vertige.

Il s'arrête et regarde vers là d'où il vient.

Mais c'est moi le personnage principal. Et le personnage principal ne passe pas tout son temps à étaler ses états d'âme, il agit.

Il se remet à marcher vers là d'où il vient.

Oui, parce qu'il a besoin d'une quête. Comment peux-tu être le héros si tu n'as pas de quête ?

Il s'arrête. Pour l'auditoire.

J'imagine que c'est ça que vous attendiez de moi depuis le début, que je vous parle de ma quête ? Comprenez que je viens tout juste de me rendre compte, là, là, que c'est moi le héros de l'histoire.

Il se remet à marcher.

Vous le saviez peut-être avant moi, mais ça ne change pas le fait que, pour moi, c'est tout nouveau.

Et ma quête ? Bien, ma quête... Est-ce que j'ai le choix ? Je dois aider Denis. Mon fils a besoin de moi maintenant qu'il est un personnage secondaire.

Il s'assoit sur un praticable.

Au lieu de me cacher au lac des Canards, je peux aller le rejoindre et... je ne sais pas ce que je pourrais faire pour lui, je trouverai bien quelque chose... Qui sait, ça ne serait pas la première fois qu'un personnage principal doit assumer un rôle qui dépasse ses capacités et qu'il finit par triompher par la seule force de sa détermination. On ne sait jamais, c'est peut-être justement dans ce genre de pièce là que je me trouve.

Paul Galant apparaît sur scène ; il vient de monter sur un rocher.

GALANT
Ah, te voilà. Finalement.

GUY
Paul, qu'est-ce que tu fais ici ?

GALANT
On t'a perdu de vue hier soir et on te cherche partout depuis. J'ai bien pensé que tu serais revenu sur tes pas.

Il lance un cri vers le bas du rocher.

Yvan ! Je l'ai trouvé ! Il est ici, en haut du rocher !

Guy regarde autour de lui pour se faire à l'idée qu'il est sur un rocher.

GUY

Un rocher ?

GALANT

Ils te suivent depuis que tu as quitté la prison. Tout le monde qui a été libéré a entendu parler du fait que tu savais que tu ne pouvais pas mourir, que tu allais être sauvé. C'était comme un miracle pour eux, tu leur as sauvé la vie et là, bien, ils ont voulu te suivre. En tout cas, il est à peu près temps que je te retrouve, parce qu'ils sont en train de devenir hystériques avec tout ce qu'ils s'imaginent et se racontent. Comme je l'ai toujours dit à mes clients, si tu veux faire croire n'importe quoi, adresse-toi à une foule, il n'y a rien de plus crédule.

GUY

Ils sont combien ?

GALANT

À peu près cent vingt, cent trente. Je n'ai jamais fait le compte.

Le héraut entre.

HÉRAUT

Maintenant libéré du poids de sa calotte glaciaire, le continent antarctique s'est élevé de plus de quatre mètres et continue à monter. Ceci a provoqué un mouvement catastrophique des plaques tectoniques, libérant d'énormes réservoirs d'eau souterraine, jadis inconnus. On estime que ces réservoirs ont rajouté l'équivalent du volume d'eau de l'océan Indien, ce qui fera monter le niveau de la mer de plusieurs mètres au-delà des prévisions.

Le héraut sort.
Auberné et deux autres évadés montent sur scène comme s'ils venaient d'escalader le rocher. Ils viennent se placer devant Guy. Galant reste à l'écart et les regarde.

AUBERNÉ, *se mettant à genoux devant Guy*
– par fatigue ou par révérence ?
Ah, c'est toi. C'est vraiment toi.

ÉVADÉ 1
On est tellement contents de t'avoir trouvé.

AUBERNÉ
Je pensais qu'on t'avait perdu pour toujours.

ÉVADÉ 2
C'est comme un autre miracle.

ÉVADÉ 1

Tu sais, j'étais un des prochains à passer au mur. On devait mourir ensemble. Je ressens un lien très profond avec toi.

Évadé 2 retourne à l'endroit par où il est entré en scène.

ÉVADÉ 2, *en agitant les bras et criant aux autres en bas du rocher*

On l'a trouvé ! On l'a trouvé ! Venez ! Venez ! On est en haut ici, sur le rocher.

GUY

Ben non ! Tu ne peux pas tous les faire monter ici, il n'y aura jamais assez d'acteurs.

ÉVADÉ 2, *ne sachant pas trop comment réagir, il crie aux autres*

C'est correct ! Restez où vous êtes ! Pas besoin de monter !

GUY

Qu'est-ce que vous avez à me suivre ?

ÉVADÉ 1

On veut être en sécurité avec toi.

AUBERNÉ

Tu savais que tu allais être sauvé. Tu as dit que tu ne pouvais pas mourir.

ÉVADÉ 1

Comment le savais-tu ?

ÉVADÉ 2

Oui, comment le savais-tu ?

GUY

Ben...

GALANT

Ouin ? C'était quoi cette histoire-là de personnage principal ?

GUY

Ben... c'est ça. C'est moi le personnage principal. Je pensais que c'était Denis, mais en fin compte c'est moi.

GALANT

Personnage principal de quoi, au juste ?

GUY

De la pièce.

GALANT

La pièce ?

GUY, *indiquant tout ce qui l'entoure*

La pièce de théâtre.

Auberné et les deux évadés se regardent, tous d'accord.

AUBERNÉ
Dis-nous, pour se joindre à ta pièce de théâtre,
comment on fait ?

ÉVADÉ 1
Oui, comment on fait ?

GUY
Euh...

GALANT
Je pense que vous êtes déjà dedans.

Le héraut entre.

HÉRAUT
On vient de déclarer constitutionnelle la nouvelle
loi qui dicte que seule la réalité du gouvernement
est valable et que désormais rien n'est vrai sans
l'autorisation du nouveau parlement.

Le héraut sort.

GUY
Vous avez beau faire partie de la pièce, ça ne veut
pas dire que vous êtes obligés de me suivre.

AUBERNÉ
Mais qu'est-ce qu'on fait alors ?

ÉVADÉ 1

On veut rester avec toi.

Avant que Guy puisse répondre, Galant s'avance et regarde au loin.

GALANT

De tous les lacs qu'on peut voir d'en haut ici, c'est lequel, le lac des Canards ?

GUY

On ne le voit pas d'ici.

GALANT

C'est bien au lac des Canards que ton fils voulait que tu te rendes ? Et c'est bien au lac des Canards que ton fils a dit que tu serais à l'abri de tout ce qui va mal dans le monde ?

AUBERNÉ

Est-ce qu'il y a de la place pour nous autres ?

ÉVADÉ 1

Pour tout nous autres ?

Auberné et les deux évadés regardent Guy avec espoir.

GUY

C'est un ancien camp d'été. Il y a plein de vieilles cabanes et de dortoirs. Vous pouvez y aller. Je vais vous expliquer le chemin.

AUBERNÉ
Tu n'y vas pas toi ?

ÉVADÉ 1
On va rester avec toi.

GUY
Vous ne comprenez pas. Je suis le personnage
principal et j'ai une quête...

GALANT, *à Guy*
Viens ici, Guy, il faut que je te parle.

*Galant met son bras autour des épaules de Guy et lui
parle en privé.*

GALANT
Guy, je le sais que tu veux retourner aider ton fils.

GUY
C'est ma quête.

GALANT
Mais si tu retournes faire le rebelle à ses côtés, eux
autres ils vont te suivre. Toi, tu es peut-être le...
personnage principal... et tu penses qu'il n'y a rien
qui peut t'arriver, mais eux autres...

GUY
... Ils sont des personnages secondaires.

GALANT

Si tu veux.

GUY

La plupart, des figurants.

GALANT

Fait que... tu peux t'imaginer toutes les mauvaises
choses qui pourraient leur arriver. Tu leur as sauvé la
vie, maintenant t'en es responsable. Qu'est-ce que
tu veux faire d'eux ?

GUY

Mais, je ne veux pas abandonner ma quête. Je ne
peux pas laisser tomber Denis parce que je leur ai
sauvé la vie... surtout quand c'est vraiment Denis
qui leur a sauvé la vie.

GALANT

Des fois c'est le héros qui choisit sa quête et
d'autres fois c'est la quête qui choisit son héros. Et
là, il faut que tu sois assez... personnage principal
pour savoir laquelle des deux possibilités se présente
à toi.

GUY

Oh.

GALANT

Tu dis que ta quête est d'aider ton fils. Il me semble
que tu aides ton fils en aidant les gens qu'il a sauvés.
Ils sont devenus sa responsabilité et maintenant,
parce que tu veux l'aider, ils sont la tienne. Si tu vas
au lac des Canards comme ton fils te l'a demandé,
ils vont te suivre. Ce n'est pas seulement toi qui vas
survivre, mais eux aussi. Faut que tu décides quelle
sorte de héros tu veux être. Celui qui met ses gens
en péril, ou celui qui les mène vers la terre promise ?

Le héraut entre.

HÉRAUT

Bonne nouvelle. Comme le niveau de la mer
continue de monter au-delà des prévisions et que les
agglomérations humaines deviennent de plus en
plus isolées, les épidémies de choléra et de
dysenterie ne se propagent plus aussi facilement
d'une population à l'autre.

Le héraut sort.

ÉVADÉ 1

S'cusez, mais... dans la pièce de théâtre, quand
est-ce qu'on mange ?

Tous se tournent vers Guy.

GUY
Euh… D'habitude, je saute les scènes de repas.

ÉVADÉ 1
Oui, mais là, le petit peu qu'on avait quand on a
quitté la prison, il n'y en a plus.

AUBERNÉ
On a beaucoup de monde à nourrir.

Guy les regarde. Un temps.

GUY
Au lac des Canards, il y a du poisson dans le lac et
de grands champs à cultiver… Je vous montrerai
comment.

ÉVADÉ 2
On va manger !

GALANT, *à Auberné et aux deux évadés*
Allez le dire aux autres. Guy va descendre vous
rejoindre dans une minute.

ÉVADÉ 1, *vers les gens en bas*
On va tous manger !

AUBERNÉ, *vers les gens en bas*
Il va y avoir de la nourriture pour tout le monde !

ÉVADÉ 2, *vers les gens en bas*
C'est comme un miracle ! C'est comme un autre miracle !

Auberné et les deux évadés sortent.

GALANT
Ton fils va être fier de toi.

GUY
Tu ne viens pas avec nous autres ?

GALANT
Non. Il est temps que je fasse un bout de chemin. Tu sais, moi, le théâtre, je n'ai jamais trop compris à quoi ça servait.

GUY
Alors pourquoi tu m'envoies au lac des Canards ?

GALANT
Tu m'as sauvé la vie, je t'en devais une… et là, on est quittes. La vie de tous les autres que je viens de sauver, bien… disons que je garde ça en banque pour une prochaine fois. On se souhaite bonne chance ?

GUY
Bonne chance… et merci de m'avoir aidé à faire mon choix.

GALANT

C'est ce que je fais, moi, convaincre le monde. Tu ne descends pas ?

GUY

Je vais y aller dans une minute.

GALANT

Un monologue ?

Guy fait signe que oui. Galant le salue et sort.

GUY

Je n'ai pas vraiment de monologue. Je voulais seulement un peu de temps à moi pour réfléchir à tout ça. Ça a bien l'air que pour aider Denis, je vais être obligé de sauver la vie de gens qui ne le méritent probablement pas. Eh ! J'avais raison, je suis dans une pièce où il va falloir que je devienne quelqu'un que je ne pensais pas vouloir devenir. Mais c'est vrai aussi qu'un héros finit toujours par arriver à un point dans son histoire où il ne peut plus retourner en arrière et, à ce moment-là, sa quête le transforme. J'en suis rendu là. Bon, bien, si je suis appelé à me transformer, que ça se fasse.

Il se lève et, de derrière un praticable, il sort une sorte de veste paysanne faite de coton ou de laine qu'on porterait pour travailler dans les champs, ou pour symboliser une vie simple et ascétique.

La première chose à faire, j'imagine, c'est de symboliquement changer de peau en changeant mon habillement. Un signe que je passe d'un état à l'autre, que « j'endosse » le nouveau moi. À ce point-ci ce n'est pas tant pour vous que je fais ça, que pour me convaincre moi-même.

> *Il enfile la veste.*
> *Le héraut entre.*

HÉRAUT

Le gouvernement a menti. Malgré ses affirmations, l'attaque rebelle n'a pas été repoussée et en réalité ses troupes ont déposé leurs armes et abandonné leur position sans tirer un seul coup de feu..

> *Il y a du mouvement en coulisse. Le héraut s'en rend*
> *compte et s'empresse de finir.*

Des centaines de prisonniers se sont évadés. Selon des sources sûres, toute l'opération rebelle aurait été lancée dans le but de libérer un seul hom...

> *Un soldat entre et glisse rapidement un sac sur la tête du*
> *héraut. Sans délicatesse, le soldat pousse le héraut*
> *aveuglé hors scène.*
> *Guy finit d'ajuster la veste.*

GUY

Bon, je me sens déjà comme un nouvel homme... encore une fois, je dis ça plus pour me convaincre moi-même qu'autre chose. Maintenant, je ferais mieux d'aller faire avancer la pièce avant que tout le monde crève de faim.

> *Il se tourne vers la coulisse.*

Yvan !

Auberné entre portant le même style de veste que Guy.

AUBERNÉ, *inclinant la tête*
Oui, PP ?

GUY, *gentiment*
Appelle-moi Guy, voyons. Après trois ans... J'ai peut-être une image à maintenir devant les autres, mais entre nous, ce n'est pas nécessaire d'être formel.

AUBERNÉ
Oui, Guy.

GUY
Tu voulais me faire ton rapport ?

AUBERNÉ
La bonne nouvelle, c'est qu'avec les chaleurs on va pouvoir sortir une quatrième récolte cette année.

GUY
C'est bon, on a de plus en plus de gens à nourrir.

AUBERNÉ
La mauvaise nouvelle : avec toute cette chaleur et la pluie, on va perdre au moins 40 % de la récolte.

GUY
Ça nous prendrait un miracle.

AUBERNÉ

Qu'est-ce que tu nous prépares ?

GUY

Euh… Je vais voir ce que je peux faire.

AUBERNÉ

Il y a quatorze nouveaux réfugiés qui sont arrivés.

GUY

Bon.

AUBERNÉ

Je les ai mis au travail à défricher le nouveau champ.
Je les ai logés dans le dortoir numéro cinq. Les gens
du numéro cinq rouspètent un peu, mais ça va les
motiver à construire un nouveau dortoir. Mais à
propos de ça… Avec tous les réfugiés qui arrivent…
j'ai peur qu'on ne puisse plus passer inaperçus.

GUY

Le gouvernement ?

AUBERNÉ

Si les réfugiés ont pu apprendre qu'on est là…

GUY

Même si le gouvernement apprenait qu'on existe,
on est probablement trop loin de la ville pour qu'il
vienne se mêler de nos affaires. Il est trop occupé à
courir après les rebelles dans le Sud pour s'inquiéter
d'une communauté agricole perdue dans le Nord.

Le héraut entre avec un texte officiel en main.

HÉRAUT

« La perte de la dernière récolte en ville repose entièrement sur les épaules des rebelles. La menace d'attaques sauvages et impitoyables démotive et démoralise les citoyens. En réponse à la demande de la population, le gouvernement a doublé la prime pour chaque rebelle capturé, mort ou vivant. »

Le héraut sort.
En entendant cette nouvelle, Guy soupire.

AUBERNÉ

Faut pas s'en faire pour ce qu'on raconte au sujet des rebelles. Tous les réfugiés qui arrivent nous disent que tout ça est inventé par le gouvernement pour faire peur au monde et cacher son incompétence.

GUY

La désinformation au sujet des rebelles, c'est les seules nouvelles que j'ai de Denis depuis trois ans. Il m'avait promis de me rejoindre.

AUBERNÉ

Il n'a pas tenu sa promesse.

GUY

Il a quand même une rébellion à mener. J'imagine que ça ne lui laisse pas beaucoup de temps pour penser à son vieux père.

Guy soupire profondement.
   Dans un espace plus loin on découvre deux hommes assis autour d'un feu.

AUBERNÉ

Tiens, voilà deux des nouveaux réfugiés, le père et son fils. Ils viennent de finir leur journée au champ.

Guy s'avance vers eux.

GUY

Bienvenue.

AUBERNÉ

Je vous présente notre PP, le personnage principal.

   Le père commence à se lever et fait signe à son fils, Jean, d'en faire autant.

GUY

Restez assis. Vous devez être fatigués. Avez-vous mangé ?

   Le père fait signe que oui de la tête, humblement, alors que Jean fait signe que oui, la tête haute – il a travaillé pour son pain.

Ça vous dérange de me dire comment vous avez appris qu'on était là ?

JEAN

On a entendu parler d'une communauté formée autour d'un homme qui ne pouvait pas mourir.

GUY

Ce n'est pas que je ne peux pas mourir, c'est que, en tant que personnage principal, rien de grave ne peut m'arriver, pas avant la fin en tout cas.

LE PÈRE

On nous a dit qu'ici, si on fait notre travail, on peut avoir une part de tout ce qui est produit.

AUBERNÉ

Oui, tout le monde a sa part, même les figurants.

Une expression de « qui sont ces gens ? » passe rapidement sur la figure de Jean. Le père est plus discret.

LE PÈRE

Ça fait plusieurs années que les eaux nous ont chassés. On était une trentaine quand on est partis, mais la faim, la maladie et de mauvaises rencontres ont diminué notre nombre. On a tenté de s'établir sur un bout de terre sèche qu'on a pu défricher, mais on était trop près de la ville et les gens du gouvernement sont arrivés et ont déclaré qu'on était sous leur protection et... que tout ce qu'on produisait leur revenait.

JEAN

En parlant de ça, comment ça se fait que le gouvernement vous laisse tranquilles ? À moins que vous ayez une entente... ?

AUBERNÉ

Nous ne devons rien au gouvernement.

GUY

On doit être trop loin, j'imagine.

AUBERNÉ

Ou ils ont peur de nous, de notre philosophie, de nos idées.

LE PÈRE

C'est grâce à mon fils qu'on a pu se sauver, parce qu'il a pu demander de l'aide aux re...

Rapidement Jean touche le bras de son père pour l'empêcher de continuer. Guy le remarque.

JEAN

J'avais des amis qui ont pu nous aider. (*Il change de sujet.*) Est-ce que c'est vrai qu'ici, vous croyez que rien n'est vrai ?

AUBERNÉ

C'est que tout fait partie d'une grande pièce de théâtre, dont notre PP est le personnage principal.

JEAN

Donc le feu ici devant moi n'est pas vrai ?

AUBERNÉ

Le feu n'est qu'une illusion, c'est ou bien de la chaleur mimée par les acteurs ou des flammes créées par un jeu d'éclairage. Ils sont capables de faire n'importe quoi avec l'éclairage aujourd'hui.

Jean touche au feu et retire rapidement sa main.

JEAN

Pourtant, les flammes me brûlent.

AUBERNÉ

Pauvre innocent, comme le PP nous a fait comprendre, les flammes sont une illusion pour l'acteur ; pour nous, les personnages dans la pièce, le feu est vrai.

Le père commence à s'inquiéter de l'effronterie de Jean.

JEAN

Et chaque personne a un acteur ?

AUBERNÉ

Oui, chaque personnage a son acteur. Notre essence est l'acteur... sans ça tu n'es qu'un personnage dont on parle, mais qu'on ne voit jamais. Un acteur peut avoir plusieurs personnages, mais jamais en même temps.

JEAN

Et un personnage peut avoir plusieurs acteurs ?

AUBERNÉ

Mais non, voyons, ce n'est pas possible ! Comment
voudrais-tu qu'un personnage ait plus qu'un
acteur ?

JEAN

Je ne sais pas... dans une autre production de la
pièce peut-être.

AUBERNÉ

Il n'y a pas d'autre production.

JEAN

Ou un acteur tombe malade...

LE PÈRE, *à Jean*

C'est assez ! Pourquoi tu fais ça ? Ces gens-ci n'ont
rien fait d'autre que nous aider.

À Guy et Auberné.

Excusez mon fils. Avec tout ce qu'il a vécu, il a de la
misère à faire confiance aux gens, même ceux qui lui
veulent du bien.

AUBERNÉ

Mon garçon, ce sont des idées dangereuses que tu
proposes là, des idées qui seront très mal reçues ici.

Auberné se tourne vers Guy et discrètement...

Je le tiens à l'œil celui-là. Il va manger notre
nourriture, mais ne va jamais se convertir.

Guy
Laisse-moi lui parler.

Auberné, *à Jean*
Le PP aimerait te parler.

Le père, *à Jean*
Sois poli.

> *Guy fait signe au père et à Auberné de les laisser seuls.
> Auberné sort immédiatement, mais le père hésite avant
> de sortir, inquiet pour son fils.
> Guy s'approche de Jean, qui se tient devant lui, la tête
> haute.
> Court moment où les deux se jaugent.*

Guy
Les amis qui vous ont aidés à vous sauver : c'étaient
les rebelles ?

Jean
Je n'ai jamais dit ça.

Guy
Tu n'as pas à t'inquiéter. Si notre communauté
existe, c'est bien grâce aux rebelles qui ont libéré ses
fondateurs de la prison gouvernementale.

Jean
Pourtant, le gouvernement vous laisse tranquilles.

GUY

C'est vrai. Je ne sais pas pourquoi. C'est sûr que si
tu connais les rebelles ou si tu en es un, t'as raison
de te méfier de moi. Mais tout ce que je veux, c'est
les contacter. Un, en particulier. Mon fils Denis.

JEAN

Denis, c'est votre fils ?

GUY

Donc tu les connais, les rebelles.

JEAN

Quelle coïncidence. Le chef de la seule
communauté qui n'est pas harcelée par le
gouvernement s'adonne à être le père du chef des
rebelles. Je suis censé croire ça ?

GUY

C'est moi le personnage principal. S'il y a
quelqu'un à qui une coïncidence pareille doit
arriver, c'est bien moi.

JEAN

Vous poussez votre histoire de théâtre un peu trop
loin.

GUY

Ça fait très longtemps que j'ai vu mon fils. Je veux
seulement savoir s'il va bien. La dernière fois que je
l'ai vu, il était en amour.

JEAN

Quand j'ai quitté Denis et les autres pour aller aider ma famille, je leur ai promis que jamais je ne dévoilerais quoi que ce soit à leur sujet. Et moi, je suis du genre à tenir mes promesses.

GUY

Et moi, j'ai une quête ! Celle d'aider mon fils, en m'assurant que tout monde ait de quoi manger...

JEAN

Et quatorze bouches en moins, ça faciliterait votre tâche ?

GUY

Ah ? J'allais te demander un petit service en échange de vous avoir accueilli chez nous. Mais si tu préfères que je te dise les choses comme elles sont : j'imagine que tu ne voudrais pas dire à ton père que c'est à cause de ta promesse que vous ne pourrez pas vivre ici ?

JEAN

Je le savais qu'il y aurait un prix à payer.

GUY

Je ne veux pas savoir où les rebelles se trouvent, je veux seulement envoyer un mot à mon fils.

JEAN

Je ne sais pas où ils sont. Le groupe est
constamment en mouvement pour éviter les
troupes du gouvernement.

GUY

Je vais te fournir tout ce qu'il te faut pour que tu le
retrouves et que tu lui fasses mon message... et en
échange, je te promets que ta famille va prospérer
chez nous.

JEAN

Ça joue dur ici.

GUY

Je n'ai pas le choix. C'est ce que j'ai appris qu'il
fallait que je fasse si je voulais aider tout le monde à
survivre. Maintenant, va te préparer.

Jean sort.

Yvan !

Auberné, qui écoutait au loin, arrive immédiatement.

AUBERNÉ

Oui, PP ?

GUY

Vois à ce que le jeune homme ait tout ce dont il a
besoin.

AUBERNÉ

PP, tu nous mets en danger avec lui.

GUY

Tu t'inquiètes pour rien.

AUBERNÉ

Je le sais ce que tú fais. Tu veux qu'il contacte les rebelles.

GUY

Je veux qu'il contacte mon fils.

AUBERNÉ

Ton fils est un rebelle, le chef des rebelles.

GUY

Oui, celui qui vous a sauvé la vie.

AUBERNÉ

Non, il t'a sauvé la vie à toi. Nous, on s'adonnait à être là. Si le gouvernement apprenait qu'on fait affaire avec les rebelles...

GUY

Le gouvernement ne sait même pas qu'on est là.

AUBERNÉ

S'ils apprennent qu'on est en contact avec les rebelles, ça ne sera pas long avant qu'ils se rendent compte qu'on est aussi les condamnés qui se sont échappés.

GUY

Bof! Ils l'auraient déjà su.

AUBERNÉ

Je veux vivre assez longtemps pour devenir un
personnage principal moi aussi.

GUY

Ah ?

AUBERNÉ

Je n'ai pas fait tout ce travail-là, tous ces sacrifices-là
pour rater ma chance. Si prendre le leadership n'est
pas assez pour que je le devienne…

GUY

Mais voyons, Yvan, tu l'es déjà. Tu es dans toutes les
scènes de la communauté depuis le début. Si ça, ça
ne fait pas de toi un personnage principal, je ne sais
pas ce que ça prend.

AUBERNÉ

Vraiment ?

GUY

Bien certain.

AUBERNÉ

Donc, je suis en droit de me plaindre que tu risques
tout ce que nous avons créé ici.

GUY

Ah, oui, c'est vrai que tu as le droit... Mais si tu
t'opposes à la quête du vrai personnage principal, le
protagoniste, ça fait de toi un antagoniste.

AUBERNÉ

Ce n'est pas la même chose ?

GUY

Ben...

AUBERNÉ

OK, d'accord. Je t'appuie dans ta quête. Mais
seulement pour que je puisse devenir protagoniste
moi aussi.

GUY

C'est bon. Maintenant peux-tu aller voir aux
besoins du jeune homme ?

AUBERNÉ, *en sortant*

Je veux juste que tu saches que je suis très mal à
l'aise avec tout ça.

> *Guy se tourne vers l'auditoire affichant un air de « ça
> c'était facile ».*

GUY

Finalement, j'ai enfin une chance d'avoir des
nouvelles de Denis. Je ne sais pas ce qu'il va penser
de moi, de qui je suis devenu...

Tout à coup, se rendant compte.

Oh ! Mais… on vient de sauter quelques années, là. Vous n'avez rien vu de tout ça : comment j'ai appris à mentir, cajoler, menacer des hommes qui n'avaient rien tenu d'autre dans leurs mains que des bâtons de golf et des raquettes de tennis pour qu'ils défrichent des terres sauvages avec des bouts de branches et des vieilles pelles cassées. Quand on coupe des scènes, c'est parce qu'elles ne font pas avancer la trame principale. Depuis quand est-ce que la transformation du PP ne fait pas avancer la trame principale ? Et là, quoi ?… Vous allez être obligés de comprendre qui je suis devenu seulement par mes paroles et mes actions. Non, mais quand même ! Ouin, ben, c'est moi le personnage principal et c'est moi qui fais avancer l'histoire, et elle n'avancera pas tant qu'on ne vous aura pas joué quelques scènes de ma transformation. Alors, si ça ne vous dérange pas, je vais me permettre quelques petits flashbacks.

Guy se tourne vers les coulisses et fait signe à Auberné de venir le retrouver sur scène.

Yvan ! Notre grande scène, après la première semaine qu'on est arrivés ici !

Auberné revient en flashback… mais comme Guy a changé la suite des événements, le comédien / Auberné a été pris par surprise et n'a pas eu le temps de changer de costume et de remettre son ancien habit pour jouer la scène. Il ne peut que tenir l'habit contre sa poitrine pour cacher son costume paysan – l'habit est peut-être toujours sur son cintre. Alors que le comédien, un peu paniqué, arrive en tentant de gérer son problème de costume, on le voit lancer son texte en coulisse avant de mettre les pieds sur la scène. On comprend que le comédien vérifiait dans le texte si les dernières répliques de Guy font bien partie de la pièce.

Une fois sur scène, Auberné baigne dans un éclairage de flashback.

AUBERNÉ, *longue plainte*

Ahhhh... PP... On n'en peut plus... on est...

Jean apparaît des coulisses.

JEAN

Psst !

GUY

Oh ?

À Auberné dans son éclairage de flashback.

Attends Yvan ! Donne-moi une seconde.

Auberné s'arrête, ne sachant pas trop ce qui se passe.

JEAN

J'ai un message pour vous.

Guy lui fait signe d'approcher.

En remettant un bout de papier à Guy :

C'est de... vous savez qui.

GUY

Je m'en doute, oui.

Guy lit le message rapidement et se tourne vers Auberné,
qui attend toujours dans son éclairage de flashback.

C'est correct Yvan, je n'aurai pas besoin de
flashback. Merci.

Guy fait signe à Auberné de quitter la scène. Surpris et
un peu agacé, Auberné retourne en coulisse.
À Jean :

Tu sais où il est ?

JEAN

Par ici. Lui et les autres sont cachés dans la forêt, pas
loin.

Guy et Jean se faufilent dans la pénombre, en cachette.
Ils arrivent à un endroit éclairé sur scène, mais Jean
arrête Guy avant qu'ils n'y mettent les pieds.

Faut attendre ici.

Deux ou trois rebelles sortent pour se passer des sacs de
vivres. Jean pointe Guy vers un coin de la scène, avant
d'aller aider les rebelles.
Guy s'avance avec précaution. Denis sort de derrière
une cachette.

DENIS

Papa.

GUY

Denis !

Ils s'enlacent.

Ah ! Ça fait trop longtemps.

DENIS
Je suis tellement content de te voir, Papa.

GUY
J'étais tellement inquiet pour toi, tu ne peux pas
savoir.

DENIS
Partout où je vais, le monde nous parle d'une
communauté dans le Nord, dirigée par un homme
qui ne peut pas mourir... Je savais que ça ne pouvait
être personne d'autre que toi.

GUY
Et moi, j'entends toutes sortes de rumeurs au sujet
des rebelles, je ne sais pas ce qui est vrai.

DENIS
Le gouvernement a inventé des histoires d'horreur à
notre sujet. Les troupes du gouvernement sont
constamment sur nos talons. On n'a pas la chance
de s'établir et travailler la terre pour se nourrir.

GUY
J'espère que nos provisions vont pouvoir t'aider.

DENIS
Je n'en reviens pas de ce que tu as réussi à créer ici,
Papa : une société égalitaire où tout le monde
partage ce que la communauté produit.

GUY

Ah, Denis, ce n'est pas comme tu penses. Si tu savais pourquoi les gars ont laissé entrer des réfugiés...

DENIS

Je suis tellement fier de toi, Papa.

GUY

Fier de moi ? Vraiment ?

DENIS

Tes gens ne seront pas fâchés que tu nous fournisses autant de provisions ?

GUY

Ils vont comprendre quand je vais leur dire que ça fait partie de ma quête.

DENIS

Si le gouvernement l'apprenait...

GUY

Il ne sait même pas qu'on est là.

Un des rebelles apparaît des coulisses.

REBELLE 2, *chuchoté, accompagné d'un « thumbs-up »*

Denis.

DENIS

Ah, parfait.

Denis se tourne vers Guy, tout souriant.

Il y a quelqu'un que je veux que tu rencontres. Tu te souviens, la dernière fois qu'on s'est vus, je t'ai dit que j'avais rencontré quelqu'un...

Denis va rejoindre son collègue en coulisse et revient...

Eh bien, elle a insisté pour que vous fassiez connaissance

... avec un bébé dans les bras enveloppé dans sa douillette – en réalité, ce n'est qu'une douillette enroulée sur elle-même pour donner l'impression qu'il y a le corps d'un nouveau-né à l'intérieur.

GUY, *ébahi*

Aah...

DENIS

Papa, je te présente Réal.

GUY

Réal...

DENIS

On lui a donné ce nom-là parce qu'il est notre seule réalité. Pour nous, il est la chose la plus réelle et positive dans un monde complètement faux et méchant. Vas-y, prends-le. Il ne te mordra pas.

Guy prend le bébé dans ses bras.

GUY, *au bébé*
Salut toi.

DENIS
C'est lui et beaucoup d'autres enfants que tu es en train de nourrir, Papa. On n'est pas des terroristes armés, comme dit le gouvernement. On est juste un village, un village sans terre ni maisons, mais un village qui a appris à se défendre. Un village qui va se défendre et combattre le gouvernement jusqu'à ce que la démocratie soit rétablie. Et c'est pour Réal et les autres enfants qu'on fait ça.

Le rebelle revient et fait signe à Denis qu'il a besoin de lui.

REBELLE 2, *chuchotant*
Denis. On a un problème.

DENIS
Je te laisse avec lui, Papa, on a besoin de moi. Je reviens tout de suite.

GUY
Inquiète-toi pas, il n'y a rien qui peut lui arriver.

Denis sort avec le rebelle.
Une fois seul, Guy dorlote l'enfant un instant avant de le serrer très fort contre lui en respirant son odeur. Après un moment de profonde satisfaction, il lève la tête et s'adresse à l'auditoire.

GUY

Je le sais... Mon petit-fils n'est qu'un autre
personnage dans la pièce... et même là, à peine...

*D'un coup, Guy laisse la douillette se dérouler pour
démontrer qu'il n'y a pas de bébé emmitouflé.*

Réal... n'est que du faire accroire. Et pourtant,
malgré ça, je me sens grand-père... finalement
grand-père. Je le ressens. Je le ressens donc il existe.
Il existe parce que je le ressens. Il a bien beau être
factice, ça ne m'empêche pas de me sentir grand-
parent, de me sentir connecté au cycle de la vie, au
fleuve continu qui lie l'espoir de tes ancêtres aux
aspirations de tes descendants... peut-être la seule
consolation qu'il y a à vieillir.

*Guy enveloppe la douillette à nouveau pour recréer
l'illusion qu'il y a un bébé dans ses bras.*

Tout est illusion et faire accroire, mais il suffit que
ça t'arrive à toi, et là c'est vrai.

Denis revient.

DENIS

Papa, j'ai un problème. J'ai huit familles qui ont des
enfants et ils n'en peuvent plus d'être
continuellement poursuivis. Ils voudraient se
joindre à ta communauté.

GUY

Pas de problème. Je vais en prendre soin. Promis.

DENIS

C'est du bon monde. Ils méritent une vie normale.

Un rebelle apparaît.

REBELLE 2

Denis, il faut y aller avant que le soleil se lève.

Denis reprend le bébé des bras de Guy.

GUY

Si jamais vous avez besoin de quoi que ce soit...

Denis s'apprête à quitter la scène avec Réal dans ses bras.

DENIS

Merci pour ton aide, Papa.

GUY

Si je pouvais en faire plus, tu sais que je le ferais.

Denis fait un signe d'au revoir à son père et va rejoindre les rebelles qui traversent la scène avec des sacs de vivres. Ils sortent.

Ça a bien l'air que j'en ai encore beaucoup à apprendre. Au lieu de me demander pourquoi on avait sauté des scènes, j'aurais dû plutôt me demander pourquoi on reprenait l'histoire à ce moment-là. Dorénavant, je promets de toujours faire confiance à l'histoire. Mais peu importe, ça a valu la peine juste pour entendre Denis dire qu'il est fier de moi.

Un soupir de satisfaction, suivi d'un court moment de silence avant qu'il se rende compte...

Ça se pourrait-tu que ma quête soit accomplie ? Si oui, ça veut-tu dire que c'est la fin ?

Il attend quelques secondes pour voir si la fin de la pièce va arriver, si les autres acteurs vont venir le rejoindre pour les saluts. Il regarde autour de lui vers les coulisses : rien.

OK, peut-être pas. Dans ce cas-là, ça veut dire qu'il y a un événement perturbateur qui est sur le point d'arriver pour relancer l'histoire.

Un réfugié portant une veste paysanne, bêche à la main, traverse la scène en criant.

Réfugié à la bêche

Vite ! Vite ! Sauvez-vous ! Rassemblez les enfants ! Cachez-vous dans la forêt !

Le réfugié à la bêche disparaît en coulisse.

Guy, *à la « qu'est-ce que je disais »*

Ah.

Auberné entre en épouvante – portant son habit paysan.

Auberné

PP ! PP ! Il faut se sauver ! Il y a plein d'hommes armés qui viennent d'arriver !

GUY
Bon, qu'est-ce que c'est ça ?

M. Graux entre. Il est accompagné d'un garde du corps armé, vêtu d'un habit et portant des lunettes de style aviateur. Graux porte un manteau de coupe militaire (safari ?), avec beaucoup de poches, comme s'il cherchait à se faire passer pour un militaire.

M. GRAUX
Que personne ne bouge ! Pas de gestes brusques et rien ne va vous arriver. Mes hommes sont bien nerveux, et ils ont la gâchette sensible.

GUY
C'est une communauté agricole ici. Personne n'est armé.

M. GRAUX, *sans porter attention à la réplique de Guy*
Ouin ! Cette place-ci existe pour vrai. Ce n'est pas une rumeur.

GUY
C'est bien réel.

M. GRAUX
Pourquoi est-ce que votre communauté n'est pas sous le contrôle du gouvernement ?

GUY

Parce qu'on réussit à se débrouiller très bien tout
seuls.

M. GRAUX

Ça ne serait pas parce que vous avez été condamnés
à mort par le gouvernement ?

GUY

...

M. GRAUX

Ha ! Rien à dire là-dessus ? (*Il regarde autour.*)
Ouin. Vous êtes loin d'être tous enterrés dans une
fosse commune... malgré ce que le gouvernement
voudrait bien nous faire accroire.

GUY

La majorité des gens ici ne sont pas des évadés, ce ne
sont que des réfugiés qui sont venus refaire leur vie
avec nous. Vos hommes doivent les laisser
tranquilles.

M. GRAUX, *désignant le garde du corps armé*
qui l'accompagne ainsi que les autres qu'on ne
voit pas

Quoi ? Eux autres ? Ah, vous n'avez pas à vous
inquiéter, à moins que quelqu'un fasse quelque
chose de stupide. Donc, c'est vrai que vous avez été
libérés par les rebelles. Et vous avez réussi à vous

organiser et vous nourrir... bien mieux que ce que le gouvernement a pu faire en ville, il semblerait. Vous ne pouvez pas savoir à quel point je suis content de vous dénicher. Finalement. (*À Guy.*) C'est un de vous deux le leader ici ?

AUBERNÉ
Pourquoi voulez-vous parler à notre PP ?

M. GRAUX
Je veux parler à un Guy Coudonc. C'est un de vous deux ? Je sais que vous êtes responsables ici : je vous sens tout prêts à négocier pour sauver les autres. Je me trompe ?
Guy et Auberné ne répondent pas.
Est-ce qu'il va falloir que je prenne les grands moyens ?
Il fait signe au garde du corps qui s'approche, menaçant.
Hein ?

GUY
C'est moi, Coudonc.

M. GRAUX
Bon.

GUY
Comment avez-vous eu mon nom ?

M. Graux

Ton nom m'a été donné par quelqu'un qui te connaît. Il m'a même dit que vous aviez fait de la prison ensemble.

Galant entre, vêtu du même genre d'habit que M. Graux.

Galant

Quand j'ai entendu parler d'une communauté dans le Nord qui était dirigée par un homme qui ne pouvait pas mourir, je le savais que c'était vous autres.

Auberné

Galant ! Je me demandais ce qui t'était arrivé.

Accolade entre Auberné et Galant.

Galant

Content de te revoir mon vieux. (*Il se tourne vers Guy.*) Guy, je savais que tu allais prendre bien soin de tout le monde.

Accolade entre Guy et Galant.

Guy

Tu sembles t'en être bien sorti, toi aussi.

M. Graux

Assez d'embrassades. Je ne suis pas venu ici pour baigner dans la chaleur de vos retrouvailles.

GALANT

Oui, bien sûr. (*À Guy et Auberné.*) Laissez-moi vous présenter M. Graux, un homme d'influence en ville. Je suis son... consultant. Quand je lui ai dit qu'il y avait une communauté dans le Nord où tout le monde mangeait à sa faim, il m'a demandé à vous rencontrer : Yvan Auberné, Guy Coudonc... M. Graux.

M. GRAUX

Assez de plaisanteries, montrez-moi ça, votre paradis sur terre.

GALANT

M. Graux aimerait qu'on lui fasse faire le tour de votre communauté.

GUY

Certainement, suivez-moi.

GALANT, *à Auberné*

Yvan, pourrais-tu t'en occuper, j'aimerais parler à Guy un moment.

AUBERNÉ, *tentant de cacher sa méfiance*

Pas de problème. (*À M. Graux.*) Suivez-moi. On peut commencer par le nouveau champ qu'on est en train de défricher.

En quittant la scène avec Auberné, M. Graux fait un
« thumbs up » discret à Galant, accompagné d'un petit
sourire. Galant répond en hochant la tête discrètement.
Guy ne remarque rien.

GALANT

Ton affaire de pièce de théâtre, ça semble avoir
marché pour toi. C'est impressionnant ce que tu as
accompli ici.

GUY

Est-ce que par hasard, ta visite chercherait à changer
tout ça ?

GALANT

Ah... euh... peut-être. Qu'est-ce qui te fait dire ça ?

GUY

Le fait que tu sois là à ce moment-ci.

GALANT

Tu te souviens, la dernière fois qu'on s'est vus, je t'ai
convaincu de venir ici avec tous les autres
condamnés. Je leur ai fait une faveur. Et là, je
considère qu'ils m'en doivent une en retour. J'ai un
grand projet en marche, et pour le réussir, j'ai
besoin de leur aide.

GUY

Ah, oui ?

GALANT

Et si je te disais que ça va changer leur vie pour le
mieux ?

GUY

Je te répondrais que j'ai appris à me méfier des gens
aux bonnes intentions.

GALANT

Oh. Je vois que ton nouveau rôle t'a vraiment
changé.

GUY

Ma transformation a été nécessaire… et ça n'aurait
pas tué personne qu'on en joue au moins une scène
ou deux.

*Galant voit au loin Auberné et M. Graux qui
reviennent.*

GALANT, *soudainement très sérieux – bas,
pour ne pas être entendu par les autres*
Ils reviennent ! Écoute-moi bien : c'est très
important que M. Graux n'apprenne jamais que
ton fils est le chef des rebelles, compris ? Et peu
importe ce qu'on dit, fais-moi confiance.

Auberné et M. Graux entrent.

M. Graux

Galant ! On a frappé le jackpot ! Tu devrais voir
tous les champs cultivés. L'organisation. C'est bien
mieux qu'en ville. Et en plus, le monde travaille sans
surveillance.

Auberné

Parce que chacun travaille pour le bien de la
communauté et reçoit sa juste part, pas plus, pas
moins.

M. Graux

Qui aurait cru que ça pouvait vraiment marcher,
ça ?

Galant

Et pourtant on ne peut pas nier les résultats. Votre
communauté est devenue prospère, au point où
vous pouvez ouvrir vos portes à d'autres réfugiés.

Auberné

Tout ça, c'est grâce à notre PP.

Galant

Justement, Yvan, on aurait besoin d'un peu plus de
temps avec lui.

M. GRAUX

On a une proposition.

Auberné n'est pas content d'être exclu.

GUY

Yvan, va dire à tout le monde que tout est beau et
qu'ils peuvent retourner à leur travail.

Auberné, contrarié, fait signe de la tête et quitte la scène.

GUY

Bon. Qu'est-ce que vous avez à me proposer ?

GALANT, *ignorant la question*

Ce que tu as réussi à faire ici, c'est impressionnant :
l'ordre, l'organisation, les récoltes abondantes
– tout le monde mange à sa faim.

M. GRAUX

Si seulement on pouvait avoir ça en ville.

GALANT

Si seulement le gouvernement pouvait être organisé
comme vous l'êtes.

M. GRAUX

Tu sais que deux des cinq dernières récoltes du
comité agricole ont été désastreuses et que les autres
ont connu des pertes de plus de 60 %.

GALANT

Le monde en ville a faim. Le monde en ville est prêt pour un changement. Ils en ont assez des promesses vides du gouvernement. Ils en ont assez de l'inefficacité des comités de travail. Ils en ont assez de voir l'idéologie l'emporter sur le savoir-faire. Le monde en ville a besoin d'une nouvelle approche, d'une nouvelle forme de gouvernement, mené par un président, un président fort, capable d'amener de l'ordre, de l'organisation et des récoltes abondantes.

GUY, *surpris ? Pas vraiment. Flatté ? Bien sûr*
Moi ?

GALANT

Certainement. Tu n'es pas seulement l'homme qui ne peut pas mourir, mais tu es aussi celui qui a fondé une communauté de partage où tout le monde mange à sa faim. Tu as rebâti la société, sans violence, en offrant de l'espoir. Tu as créé la société idéale qu'il nous faut en ville.

GUY

Ce n'est pas une société idéale ici.

M. Graux se contente de regarder Galant faire ce qu'il fait de mieux.

GALANT

Je me souviens de la première fois que M. Graux
m'a parlé de son rêve. Celui de transformer notre
système parlementaire, d'abolir le gouvernement et
ses comités inefficaces... et de mettre en place un
président... fort, capable de prendre des décisions
ou de trancher des questions sans être obligé de
répondre à des commettants qui ne pensent qu'à
leurs propres intérêts. Quand il a fini son discours
(*Galant pose sa main sur l'épaule de Guy*), il a mis sa
main sur mon épaule en disant : « Où est-ce que je
pourrais bien trouver un président comme ça ? »
J'ai tout de suite pensé à toi.

GUY

C'est moi le personnage principal.

*Chaque fois qu'on fait référence au personnage principal
ou au théâtre, M. Graux affiche un air déconcerté, mais
laisse Galant poursuivre sans dire un mot.*

GALANT

Et s'il y a un rôle important à jouer, c'est bien au
personnage principal que ça revient. Penses-y.
Président, c'est un rôle qui t'irait à merveille. C'est
la pièce elle-même qui l'exige : ton histoire
commence, on se rencontre par hasard, tu
découvres que tu es le personnage principal et la
première chose que tu sais, me voici qui arrive à ta

porte avec M. Graux en t'offrant la présidence. Il me semble que ce n'est pas seulement écrit dans les étoiles, mais aussi dans ta pièce. Tu n'as pas vraiment le choix, d'après moi.

GUY, *faussement réticent*
Je suis le chef d'une communauté agricole. Je ne connais pas grand-chose à la politique.

GALANT
Peut-être, mais tu ne seras pas tout seul.

M. GRAUX
On peut s'occuper de ça, nous autres, gouverner.

GALANT
Ce dont le peuple a vraiment besoin... ce que le peuple veut, ce n'est pas un autre bureaucrate qui sait faire passer des lois. Non, ce que les gens veulent, c'est un leader, un vrai, un homme comme toi pour les inspirer...

M. GRAUX
Ouin, les garder à leur place...

GALANT
... S'assurer qu'ils gardent espoir...

M. GRAUX
... et continuent à coopérer...

GALANT

... pendant les moments difficiles de la transition.

GUY

Quelle transition ?

GALANT

La transition... d'une ville dysfonctionnelle à une communauté où la vie est meilleure, pareille à celle que vous avez créée ici.

GUY

Ce n'est pas le paradis que vous pensez, ici. Savez-vous pourquoi les gars ont voté pour laisser entrer des réfugiés ? Avez-vous remarqué qu'il y a seulement les réfugiés qui travaillent dans les champs... qui font tout le travail ? Tous les gars qui sont arrivés ici avec moi sont tous devenus des gérants ou des administrateurs. Les réfugiés font l'ouvrage et reçoivent leur part, alors que mes gars, sous prétexte qu'ils sont responsables de tout organiser, se donnent deux parts, sinon trois... sans compter les pots-de-vin qu'ils extorquent aux réfugiés en échange de faveurs dont je ne suis pas censé être au courant.

GALANT

Fidèles à eux-mêmes jusqu'à la fin.

GUY

Si je n'étais pas là pour les mettre au pas, Dieu sait
ce qu'ils feraient de plus pour les exploiter.

Un temps. M. Graux et Galant se regardent.

GALANT

Bon, le voilà votre secret : un leader charismatique
appuyé par une bureaucratie efficace. Qu'est-ce que
tu voudrais de plus ?

GUY

Une société basée sur le vrai partage ?

M. GRAUX

Ce que vous avez ici, c'est exactement ce qu'on
cherche.

GUY

Vous ne m'écoutez pas, là : notre système de partage
équitable est pourri à la base.

M. GRAUX

Oh… une société doit savoir récompenser ceux qui
font fonctionner le système, sans ça, ça ne marchera
jamais.

GALANT

Les gens en ville ont vraiment besoin de toi et de tes
gars. Imagine le bien que tu pourrais faire pour
encore plus de monde.

*Alors que Guy lui tourne le dos, M. Graux, impatient,
fait signe à Galant d'en arriver à l'argument massue.
Sans laisser paraître qu'il voit le signe de M. Graux.*

Là, je sais que tu es en train de te dire : comment
est-ce que je peux même considérer retourner en
ville quand moi et mes gars, on a été condamnés
pour crime contre l'humanité par le même
gouvernement qu'on me demande de diriger ?

On comprend que Guy n'y avait pas pensé.

Mais voici l'astuce – une astuce digne d'un
personnage principal comme toi : comme président,
tu vas avoir le pouvoir de les gracier. C'est le
privilège d'un président de pouvoir annuler leurs
peines comme s'ils n'avaient jamais rien fait de mal.
Tu me comprends ?

Insistant, pour que Guy comprenne où il veut en venir.

Je sais que ça fait partie de ta « quête », ta vraie
quête... Comme président tu pourrais pardonner...
qui tu veux.

GUY, *ayant compris, complice*
Ma quête... Ouiii...

*M. Graux, toujours sans être vu de Guy, fait un
« thumbs up » discret à Galant.*

GALANT
Pourquoi est-ce qu'on ne te laisse pas tout seul pour
un moment, le temps d'y penser... de faire un
monologue peut-être, discuter de ça entre toi et...
toi ?

GUY

Pas besoin d'y penser, j'accepte. En tant que personnage principal, je n'ai pas ben, ben le choix.

M. Graux sourit et donne une grosse tape dans le dos de Galant.

Qu'est-ce qu'il faut que je fasse ?

M. GRAUX

Tu n'as rien à faire. On va tout organiser ça.

GALANT

Laisse-nous retourner en ville mettre les choses en marche. On te revoit dans une couple de jours.

M. GRAUX

Entretemps, tout ce que tu as à faire c'est de préparer ton discours d'inauguration.

M. Graux fait signe à Galant et les deux amorcent leur sortie.

GUY

Euh... Une dernière petite question.

GALANT

Oui ?

GUY

Pourquoi est-ce que le gouvernement n'est jamais venu ici avant ?

M. Graux

Parce que c'est moi qui est arrivé en premier. À
bientôt.

*Galant et M. Graux sortent, accompagnés du garde
armé.*

Guy

Président. Finalement, une proposition digne d'un
personnage principal. C'est sûr que, comme PP, il
ne peut jamais y avoir rien de banal qui m'arrive...
tout doit être signifiant. Sans compter que c'est une
belle occasion pour régler ma quête une fois pour
toutes. Qu'est-ce que je pourrais faire de plus pour
Denis et Réal que de les gracier et les réintégrer à la
société. Là, Denis serait fier de moi. Ça, ça serait
une bonne fin de pièce. (*Vers la coulisse.*) Yvan, je
suis prêt !

*Auberné, vêtu d'un habit neuf, entre, avec en main, une
tunique ainsi que l'écharpe présidentielle.*

Auberné

PP, M. Graux dit qu'ils ont préparé le terrain et la
population en ville est prête à te recevoir. C'est le
moment ou jamais.

Guy

Alors, qu'est-ce qu'on attend ?

Auberné aide Guy à enlever sa veste paysanne.

AUBERNÉ

Ça fait trois ans que je crains qu'un jour on soit découverts par le gouvernement... et là, le gouvernement, ça va être nous autres.

Le héraut apparaît.

HÉRAUT

Il n'y a aucun fondement à la rumeur qu'il existe une communauté dans le Nord où tout le monde mange à sa faim, dirigée par un homme qui ne peut pas mourir. Tous ceux pris à vouloir quitter l'île pour s'y rendre seront arrêtés et exécutés sans procès.

Le héraut sort.
Auberné aide Guy à endosser la tunique présidentielle.

AUBERNÉ

En tant que personnages principaux, on est sur le point de faire de grandes choses. Oui, on va pouvoir nourrir plus de gens... une augmentation importante de notre clientèle... une croissance exponentielle. C'est sûr qu'avec la pluie et les tempêtes qui deviennent de plus en plus fréquentes, ça va être de plus en plus difficile, mais c'est quand même un premier pas vers un retour à comment on vivait avant. C'est seulement de valeur que la bourse n'existe plus. On utilise toujours l'argent en ville, hein ?

GUY
Je pense que oui.

AUBERNÉ
Dans ce cas-là, pourrais-tu me donner le poste de ministre des Finances ?

GUY
Ah, je te voyais plutôt comme vice-président. Tu es un personnage principal après tout.

AUBERNÉ
C'est quoi les fonctions du vice-président ?

GUY
Ben... Comme on n'a pas été élus et qu'on impose une nouvelle forme de gouvernement... j'imagine que ça, ça va être à nous de le déterminer.

AUBERNÉ
Dans ce cas-là, le vice-président va être responsable des finances.

Auberné place l'écharpe présidentielle autour des épaules de Guy.

GUY
Je vais être bien honnête avec toi, Yvan. Ma seule raison de devenir président, c'est pour aider Denis.

AUBERNÉ
Encore lui.

GUY

En devenant président, je vais pouvoir gracier tout le monde, toi et les autres, et aussi les rebelles. C'est win-win.

AUBERNÉ

On ne te laissera jamais gracier les rebelles. La population les voit comme des terroristes.

GUY

Des histoires inventées par l'ancien gouvernement.

AUBERNÉ

M. Graux ne te le permettra pas.

GUY

C'est moi le président.

AUBERNÉ

Mais c'est lui qui s'occupe de gouverner.

GUY

Je n'ai peut-être pas été élu, mais j'ai quand même un mot à dire.

AUBERNÉ

Je sais comment ça marche. Ah, ils ne te diront jamais « non ». Ça va toujours être : « pas tout de suite, attendons quelques mois, quelques années… quand ça sera plus propice ».

GUY

Ah, une première épreuve. Je vais penser à quelque
chose. Les rebelles vont être pardonnés ou je ne suis
pas le personnage principal.

Le héraut apparaît.

HÉRAUT

Aux armes ! Des brigands, provenant du nord,
menés par un soi-disant personnage principal, sont
en route vers la ville dans le but de renverser le
gouvernement avec de fausses promesses. Le
gouvernement s'attend à ce que chaque citoyen
monte aux remparts afin de repousser les
envahisseurs.

Le héraut sort.

AUBERNÉ

Et qu'est-ce qui arrive si le peuple se soulève et
notre gouvernement tombe ?

GUY

... Euh... On retourne au lac des Canards et on
continue comme avant.

Ceci semble satisfaire Auberné, qui quitte la scène.
Le héraut apparaît.

Héraut

Alors que le centre-ville est envahi par des foules immenses venues accueillir le personnage principal et son entourage, des manifestants en colère ont pris d'assaut le parlement et ont arrêté les responsables du gouvernement qui tentaient de s'enfuir et les ont pendus aux lampadaires de la rue Wellington.

> *Le héraut sort.*
> *Des feux d'artifice et des confettis marquent l'arrivée du nouveau président.*

Guy

Voilà. Une autre occasion où je dois me transformer dans le but d'accomplir ma quête. Il va sûrement y avoir des embûches sur ma route. Mais c'est ma dernière épreuve, que je vais surmonter avec la même grâce, la même détermination et le même panache que toutes les précédentes.

> *Galant et M. Graux entrent, suivis d'Auberné.*

Galant

M. le Président ! Félicitations pour un transfert de pouvoir sans anicroche.

M. Graux

La population est derrière toi à 110 %.

GALANT

Tout est en place pour mettre en œuvre le nouveau
programme gouvernemental.

GUY

Bon, bien, allons-y. Quelle est la première chose
qu'on peut faire pour améliorer le sort du monde ?

M. GRAUX

J'ai ici une proposition qui va augmenter le niveau
de vie du peuple et stimuler le secteur industriel :
une nouvelle loi pour réinstituer le charbon comme
source d'énergie abondante et bon marché.

GUY

Le charbon ? Vraiment ?

GALANT

Voyons, l'infrastructure hydro-électrique est en
ruine, le solaire ne vaut rien parce qu'il pleut tout le
temps et les éoliennes ont toutes été détruites par
les tornades.

M. GRAUX

Pis comme le dommage à l'atmosphère et à
l'environnement a déjà été fait, qu'est-ce que ça
change ?

GALANT

Ça va être bon pour l'économie... et le peuple... Et ça va te permettre d'accomplir tout ce que... tu veux accomplir comme président.

Galant lance un regard complice, que Guy comprend. Ceci suscite un sourire de satisfaction de la part de M. Graux, que Guy ne voit pas.

GUY

Oui, c'est vrai. Bon, d'accord. Ce qu'on ne ferait pas pour accomplir sa quête.

Guy signe le papier que lui présente M. Graux.

M. GRAUX

Parfait. La loi va entrer en vigueur la semaine prochaine. En attendant que le charbon retrouve sa valeur... je connais une couple de mines abandonnées que je pourrais avoir pour une bouchée de pain.

Guy, Auberné et Galant ne savent pas comment réagir devant cette déclaration.

M. GRAUX, *devant la réaction des autres – à Auberné*

Viens, on va aller acheter des mines de charbon... pour tout le monde ! (*indiquant tous ceux présents*)

M. Graux met son bras autour des épaules d'Auberné et ils sortent ensemble.

Galant se tourne vers Guy avec un sourire voulant dire « qu'est-ce que tu veux » avant d'amorcer sa sortie.

GUY

Attends, Paul. Au sujet des pardons.

GALANT

Inquiète-toi pas pour ça. Tout ce qu'il y a à faire pour gracier tes gens, c'est signer un document. On fera ça tantôt.

GUY

Quoi ? Sans cérémonie ?

GALANT

Pas besoin de cérémonie.

GUY

Mais je veux une cérémonie. J'ai besoin d'une cérémonie !

GALANT

Mais voyons.

GUY

J'ai besoin d'une cérémonie si je veux pouvoir gracier les rebelles.

GALANT

Chut ! ! ! Pas si fort. S'il fallait que quelqu'un t'entende.

GUY

Je le sais qu'on ne me laissera jamais signer un document qui pardonne les « ».

Au lieu de dire le mot « rebelle », Guy fait des guillemets avec ses doigts.

Mais si je pouvais faire une proclamation de vive voix, après avoir dit « Je pardonne à mes gars », j'aurais seulement à rajouter « ainsi que les « » qui sont devenus hors la loi sous l'ancien régime ». Pis ça sera officiel. On ne pourra rien faire ni rien dire. C'est le président qui l'aura proclamé.

GALANT

C'est ça ton plan ?

GUY

Hé, je viens d'apprendre que je pourrais gracier les reb... « », il y a à peine deux scènes. Ce n'est pas comme si j'avais eu des semaines pour y penser.

GALANT

La population les voit comme des terroristes.

GUY

Mais pardonner les « », c'est la seule raison pour laquelle j'ai accepté de devenir président.

GALANT

Pourquoi est-ce qu'on n'attend pas quelques mois... le temps que votre système soit bien établi et que tout le monde mange à sa faim ? Peut-être qu'une fois le ventre plein, le public va être plus réceptif. Attendons un peu. C'est pour le mieux.

Galant sort.

GUY, *en regardant Galant sortir, pour lui-même*

Et tu, Brute ? (*À l'auditoire.*) Vous savez pourquoi je suis en train de me faire avoir, hein ? C'est ma faille de personnage principal : un défaut de personnalité ou un désavantage quelconque qui, c'est sûr, me rend plus humain, mais qui rend surtout la réalisation de ma quête plus difficile. Moi, ma faille, c'est mon désir d'aider Denis, mais ça, c'est aussi ma quête. Ma quête, c'est ma faille. Il faut se demander si ce genre d'agencement là ne ferait pas de moi... n'ayons pas peur de le dire, un personnage tragique. Ça se pourrait... il me semble. Pourquoi pas ? Mais ce qu'ils ne savent pas, c'est que moi je le sais, et je les vois venir et je les attends. Ils ne m'auront pas une deuxième fois.

M. Graux entre, suivi de Galant et d'Auberné.

M. GRAUX

Hé, finalement, ça ne sera pas nécessaire de pardonner les membres de ton administration. En faisant tomber l'ancien gouvernement, tu as automatiquement annulé toutes les lois et condamnations qu'il avait mises en place. C'est comme si tes gars n'avaient jamais été condamnés.

GUY

Ah.

GALANT

Quelle bonne nouvelle.

GUY

Même les rebelles ?

M. GRAUX

Non, non. Pas les rebelles.

GUY

Mais si l'ancien gouvernement est tombé...

GALANT

Tu sais que la population les voit comme des
terroristes.

GUY

Des histoires inventées.

M. GRAUX

En parlant de ça, il faut qu'on arrête huit familles
qui font partie de ta communauté. On vient de
découvrir que tous ces gens-là ont déjà été des
rebelles. On les soupçonne de s'être glissés parmi
vos rangs dans le but de commettre des actes
terroristes.

GUY

Vous n'avez pas le droit d'arrêter mes gens. On s'était entendus que mes gens allaient être épargnés de toutes poursuites.

M. GRAUX

C'est pour ça que je prends le temps de t'en parler.

GUY

Je refuse. Vous ne pouvez pas les arrêter.

M. GRAUX

Hé ! C'est des rebelles.

GUY

Ce sont des familles avec des enfants qui se sont jointes à nous pour avoir une meilleure vie.

M. GRAUX

Tout de même des rebelles.

GUY

Ce ne sont que des gens qui essaient de survivre. Pourquoi cherchez-vous à vous en prendre à eux ?

M. GRAUX

Parce qu'ils sont des rebelles... Tu regarderas le mot dans le dictionnaire.

GUY

Oui, mais c'est vous qui les appelez des rebelles.

M. Graux

Justement, parce que pour nous, ce sont des rebelles.

Guy

Qu'est-ce qu'ils ont fait de si terrible ? Libérer des prisonniers politiques qui allaient être exécutés ? C'est nous ça, ceux à qui vous avez demandé de revenir en ville pour nourrir la population ! On devrait les célébrer, pas les arrêter.

Auberné

Moi, j'ai des preuves que le jour même où les huit familles sont arrivées dans notre communauté, elles auraient volé des vivres de nos entrepôts pour nourrir les rebelles.

Guy

Yvan ! ?

Galant

Guy, on est à un point délicat dans notre entreprise. Arrêter des rebelles, même si on arrête des gens qui ne posent aucun danger, ça rassure le monde, c'est bon pour ta popularité.

Guy

Ce n'est pas comme s'ils vont avoir la chance de voter contre moi.

GALANT

Si les gens en ville voient qu'on prend au sérieux la lutte contre le terrorisme, ça va les mettre de notre côté. Pas de mécontentement, pas d'agitation. Pense un peu… pourquoi es-tu devenu président ? Qu'est-ce que tu cherches à accomplir ? Et ça ne serait pas plus facile avec la population derrière toi ?

GUY

Ma quête, oui, c'est vrai, mais…

M. GRAUX

Fait que… ?

Guy hésite.

GUY

OK. Vous pouvez les arrêter.

M. Graux sort un téléphone portable.

M. GRAUX, *au téléphone*

C'est bon, vous pouvez y aller.

On entend les coups de feu du peloton d'exécution.

GUY

C'était quoi ça ? Le peloton d'exécution ?

M. GRAUX

Tu nous as donné la permission d'arrêter les rebelles.

GUY

Les arrêter, oui ! Je n'ai pas dit de les exécuter.

M. GRAUX

Qu'est-ce que tu penses qu'on fait quand on arrête des rebelles ?

GUY

Mais vous n'aviez pas le droit. J'ai fait une promesse. J'ai...

GALANT

Calme-toi, Guy. Ce n'est pas grave. On exécute des rebelles tous les jours en ville, qu'ils soient coupables ou pas. De toute façon, c'étaient qui ces gens-là ? Ce ne sont même pas des figurants, seulement des personnes dont on parle, mais qu'on ne voit jamais. On les connaît seulement comme « huit familles ». Ils n'ont même pas de nom.

GUY

Non, mais... ça ne se peut pas. J'ai fait une promesse... J'ai, j'ai promis de les protéger ! (*Tentant de maîtriser ses émotions.*) En tant que président, je déclare que dorénavant tous les rebelles ont droit à un procès, à se faire entendre. Finies les exécutions sommaires !

M. GRAUX

Mais la population...

GUY

C'est justement pour protéger la population que je fais ça. On ne peut pas exécuter n'importe qui sur la rue parce qu'on les soupçonne d'être des rebelles ! Considérez ça mon premier décret présidentiel ! Maintenant, allez-vous-en ! Tout le monde, partez ! En tant que président, non, en tant que personnage principal, j'ai besoin de... d'être seul... de... de... faire un monologue.

Galant fait signe à tout le monde de sortir.
Guy, une fois seul...

Mon Dieu, mon Dieu, mon Dieu.

Se rendant compte que l'auditoire s'attend à un
monologue, agacé.

Je n'ai pas de monologue. J'ai seulement besoin d'un peu de temps à moi, pour penser... Je n'arrête pas de faire un faux pas après l'autre. Mais je suis le personnage principal, tout ce que je fais, ça devrait être la bonne chose, non ? ! Denis ne me pardonnera jamais. Je lui avais promis. Faut que je lui explique que ce n'était pas moi... j'ai pris la décision, OK, mais je ne connaissais pas les conséquences. Ça se pardonne, ça. En plus, comme Paul a dit, ce ne sont que des personnages dont on parle, mais qu'on ne voit jamais... ils n'ont même pas de noms. Pour un personnage principal, ça se pardonne, ça !

Le héraut apparaît.

HÉRAUT

Les rebelles ont disparu ! Depuis l'arrivée du
nouveau président, les rebelles auraient filé vers le
nord afin d'éviter des affrontements avec le nouveau
régime. Bravo à notre nouveau président, le
dompteur de rebelles !

Le héraut sort.

GUY

Disparu ? Non ! Non ! Denis ne peut pas avoir
disparu. Il ne peut pas être parti en pensant que la
mort des huit familles, c'est de ma faute. Il faut
qu'il sache que j'ai tout fait pour les sauver ! Faut
que je lui explique.

Guy se tourne vers la coulisse.

Pssst !

Jean apparaît de la coulisse.

JEAN

Oui ?

GUY

Faut que tu retrouves les rebelles.

JEAN

Tu n'as pas entendu, là, ils ont disparu.

GUY

Il faut que je parle à Denis, c'est important, ça ne
peut pas attendre !

JEAN

Je ne saurais pas par où commencer pour les trouver.
Et tu essaieras toi de mettre la main sur un bateau
pour quitter la ville. Je ne peux rien faire pour
t'aider.

GUY

Qu'est-ce que je fais...

*D'un signe de la main, Guy renvoie Jean, qui se tourne
pour quitter la scène.*

Attends !

JEAN

Quoi ?

GUY

T'étais où quand je t'ai appelé ?

JEAN

Chez moi.

GUY

T'es arrivé tout de suite.

JEAN

Tu m'as appelé.

GUY

T'étais juste là, pas loin.

JEAN

Avec l'eau qui n'arrête pas de monter, on se tient où on peut.

GUY

Non. T'attendais en coulisse. T'attendais ton « cue » pour entrer.

JEAN

Hein ?

GUY

C'est bon, je n'ai plus besoin de toi. Va-t'en.

Jean sort, ne comprenant pas trop ce qui vient de se passer.

Denis est peut-être disparu, mais il n'est pas loin. J'ai joué une scène avec lui tantôt. Il fait toujours partie de la pièce. Ça veut dire qu'il est toujours ici... quelque part... en coulisse.

Guy se met à chercher Denis dans les coulisses.

N.B. En cherchant dans les coulisses, Guy nous laisse découvrir Auberné et M. Graux ainsi que des soldats armés qui attendent d'entrer en scène.

Denis ! Montre-toi ! Denis ! Es-tu là ? Denis ! C'est Papa ! Faut que je te parle. Laisse-moi t'expliquer ce qui est arrivé. Denis ! Ah ! Te v'là !

Guy tire sur un pendrillon, qui tombe au sol ou s'ouvre comme un rideau, nous laissant découvrir l'acteur qui

*joue le rôle de Denis, texte en main, en train de chercher
où dans la pièce c'est écrit que Guy vient le chercher en
coulisse. L'acteur, surpris, se retrouvant maintenant
dans l'aire de jeu, assume son personnage...*

*... mais le personnage de Denis ne sait pas quoi faire
du texte qu'il a en main.*

Denis, finalement t'es là !

*Guy remarque que Denis est un peu désemparé par le
fait qu'il a le texte en main.*

En lui arrachant le texte des mains.

Laisse faire ça ! Faut que tu m'écoutes !

DENIS, *reprenant son jeu, froidement*
Papa ! Qu'est-ce que tu fais là ?

GUY
Je suis tellement content de te voir. (*Remarquant la
froideur de Denis.*) Quoi ? Qu'est-ce qu'il y a ?

DENIS
Pensais-tu que les quelques provisions que tu nous
as données allaient effacer les crimes de tes
camarades et que ça leur permettrait de revenir en
ville pour tout recommencer.

GUY
Ce n'est pas pour ça !...

*Tout à coup, on entend des sirènes de police et des
projecteurs s'allument sur Guy et Denis.*

*Auberné, M. Graux et les soldats armés entrent en
scène.*

M. Graux, *aux soldats*

Arrêtez-le. C'est le chef des rebelles !

Les soldats courent vers Denis en pointant leurs armes.

Auberné

Je vous l'avais dit, que si on le laissait faire il nous mènerait à lui.

Guy

Yvan ?

Un soldat menotte Denis.

Denis, *à Guy*

Tu me trahis, Papa ? Tu exécutes mes camarades et là, tu me trahis ?

M. Graux, *aux soldats*

Emmenez-le.

Guy

Vous ne pouvez pas l'exécuter ! J'ai émis un décret présidentiel ! Il a droit à un procès.

Affichant un air de satisfaction, M. Graux pousse Denis vers la sortie et sort accompagné de son prisonnier et des soldats. Guy est seul sur scène avec Auberné.
À Auberné.

Mais... pourquoi ?

Auberné

Ton fils ne sera plus une menace pour personne.

GUY

Je pensais que... en tant que personnages
principaux, on travaillait ensemble...

AUBERNÉ

Dans ma pièce de théâtre, c'est une très bonne
chose ce qui vient d'arriver.

Auberné sort.
Le héraut apparaît.

HÉRAUT

Grâce à un astucieux stratagème comprenant un
geste dramatique inusité de la part de notre
ingénieux président, le chef des rebelles a été
capturé. Comme décrété par notre magnanime
président, le terroriste aura droit à un procès en
bonne et due forme avant d'être condamné au
peloton d'exécution.

Le héraut sort.
Guy est seul. Il ne se rend pas compte qu'il a toujours
le texte de Denis en main.

GUY

Arrrr... Je suis incapable de faire quoi que ce soit de
bien dans cette maudite pièce là !? À quoi ça sert
d'être le héros si je me fais prendre à chaque
tournant ? Faut que j'aide Denis avant qu'un
malheur lui arrive. Mais comment ? C'est sûr qu'en
tant que PP je vais finir par réussir...

*Il remarque le texte qu'il a toujours en main. Il s'arrête.
Une idée lui vient.*

Mais… si je savais d'avance comment j'allais m'y prendre…

Il regarde autour de lui afin de s'assurer que personne de la pièce ne peut le voir.

Je sais que je dis toujours qu'il ne faut pas briser le quatrième mur, mais rendu à ce point-ci, c'est un peu tard pour ça…

*Il ouvre le texte aux dernières pages et commence à lire les prochaines scènes de la pièce.
Le héraut apparaît.*

HÉRAUT
Dans un acte de mise en abîme jamais vu…

Pendant que le héraut parle, l'éclairage se concentre sur Guy alors qu'il parcourt rapidement le texte, réagissant rapidement aux répliques qu'il lit – la scène se jouant sur son visage.

… notre intrépide président, dans le but de prévenir les malheurs avant même qu'ils nous arrivent, risque son bien-être personnel en osant lire les prochaines scènes de sa pièce. Après s'être moqué de ses propres motivations et avoir sacrifié sa propre plausibilité…

Guy tourne la page et tout en continuant de lire, devient de plus en plus consterné, en contraste avec le ton enthousiaste du héraut.

… notre leader visionnaire est maintenant en mesure de nous annoncer la bonne nouvelle : les prochaines scènes vont justifier tous nos efforts et tous nos sacrifices... et à partir de maintenant tout ira pour le mieux dans le meilleur des mondes...

> *Guy tourne une deuxième page et tombe sur une réplique qui le fige.*

... Longue vie à notre sage et dévoué président !

> *Le héraut sort.*
> *Guy, le visage trahissant son état de choc, lève les yeux du texte.*

GUY

Non... non... Je n'y crois pas... Ç'a beau être écrit... je n'y crois pas. (*Pointant le texte.*) Ce qui va m'arriver... dans la prochaine scène... ça n'arriverait jamais à un PP. Non, non, c'est... c'est...

> *Il ouvre le texte à nouveau et cherche parmi les premières pages. Il trouve la page qu'il cherche et du bout du doigt descend la page pour s'arrêter au bas. Son visage tombe.*
> *Foudroyé.*

Je suis au bas de la page ?! Dans la liste des personnages, je suis au bas de la page ! En haut de la page, Denis a tout un paragraphe à lui et moi, tout ce que ça dit c'est : « Guy Coudonc, le père de Denis. Il fera n'importe quoi pour aider son fils. » C'est tout. Je suis un personnage secondaire.

> *Les lumières montent pour la prochaine scène : Denis est prisonnier derrière des barreaux. Guy se trouve à l'intérieur du périmètre de la scène créée par les éclairages.*
> *Sursautant.*

Ah !

> *Aussitôt que Guy reconnaît la scène de « Denis dans sa cellule », il saute à l'extérieur de l'aire de jeu de la scène et s'éloigne de quelques pas.*

Non ! Non !

> *L'éclairage s'éteint et Denis disparaît.*

Pas cette scène-là déjà. C'est la scène où Denis doit choisir entre moi ou sa révolution. Il choisit la révolution... Parce que je suis un personnage secondaire... là uniquement pour l'aider à jouer son grand moment dramatique... en le plaçant devant le choix déchirant d'avoir à me condamner. Et... j'accepte sa décision parce que je ferai n'importe quoi pour aider mon fils. Qui aurait pensé que c'est ici que ma quête allait me mener ?

> *La scène de Denis derrière les barreaux réapparaît – si possible à un autre endroit sur la scène – incluant toujours Guy dans son aire de jeu.*
>
> *Guy accepte son sort et se tourne pour jouer la scène, mais tout à coup, il s'arrête et sort du périmètre de la scène. L'éclairage sur Denis s'éteint.*

Non... Je n'ai pas besoin de jouer cette scène-là, pas comme elle est écrite. Je sais ce qui va se passer... donc je peux tout changer... même si je ne suis pas un personnage principal. (*Vers la coulisse.*) Yvan !

> *Auberné sort de coulisse.*

AUBERNÉ
Oui, PP.

GUY
Yvan, j'ai lu les prochaines scènes...

AUBERNÉ
J'ai entendu.

GUY
Je sais où se trouvent les rebelles. Rassemble
l'armée. Va falloir bouger rapidement. Minimum
d'armes. Des vivres pour trois jours... et aussi pour
une centaine de prisonniers. Tu m'entends... ? On
prend des prisonniers. Avec Denis ici, on va pouvoir
tous les capturer sans problème. Qu'on
réquisitionne tous les bateaux possibles et que les
troupes me rencontrent sur la côte nord. Je serai là
dans une heure. On va régler le problème des
rebelles une fois pour toutes.

AUBERNÉ
Tout de suite, PP.

Auberné quitte la scène.

GUY, *pour lui-même*
Une bonne chose de faite... Quoi d'autre ?
*La scène de Denis derrière les barreaux réapparaît – si
possible à un nouvel endroit sur la scène – incluant
toujours Guy dans son aire de jeu. Sans hésiter, Guy sort
du périmètre de la scène...*
Une minute...

... Mais cette fois, tout le plateau s'illumine et ne laisse aucune chance à Guy de s'évader.

Pour lui-même, voyant qu'il ne peut pas s'évader.

Bon, tant pis... jouons la scène alors.

Guy s'approche de Denis, qui est toujours derrière les barreaux. Celui-ci regarde droit devant lui et ne se tourne jamais vers son père.

Denis. Je le sais que je suis censé te dire que j'ai un plan pour te pardonner toi et les rebelles. Que c'est un plan risqué... comme on retrouve dans toute bonne histoire... où tout tombe en place à la dernière seconde. Mais j'ai lu la scène et je sais que ça n'a plus rapport. La seule chose que je suis prêt à répéter de tout ce que je dis dans cette scène-ci – surtout parce que c'est vrai, mais aussi pour que tu puisses dire ta prochaine réplique –, c'est que j'ai fait tout ça pour toi, pour toi et Réal.

DENIS
T'as fait la mauvaise chose, Papa.

GUY
Oui, je le sais maintenant. Mon plan était ridicule.

Guy commence à déboutonner sa tunique.

Mais pour ma défense, quand je l'ai conçu, je pensais que j'étais un personnage principal.

Il enlève l'écharpe présidentielle et la lance en coulisse.

Mais je ne le suis pas, je ne l'ai jamais été.

Il enlève sa tunique et la lance en coulisse.

Je n'ai plus besoin de ça. Je sais ce qui m'attend et je suis en mesure de changer ça pour toi. Pour que tu n'aies pas de choix difficile à faire.

Guy est en camisole, un peu pathétique.

Vas-y maintenant. Tu peux dire ta réplique.

DENIS

Les rebelles ne sont pas partis dans le Nord comme tout le monde pense. On est entrés en ville. Tout le dérangement créé par ton arrivée a permis à mes gens de prendre des positions stratégiques. Malgré ce que tous les gouvernements veulent bien croire, la population a toujours été avec nous.

Les barreaux de prison disparaissent et les menottes de Denis tombent au sol.

Au moment où on se parle, on nous laisse prendre le contrôle des médias, des bases militaires, des stations de police et des centres de distribution de nourriture.

Rebelle 3, un rebelle armé, entre. En main, il tient les accessoires du chef des rebelles, Denis : une ceinture avec étui pour une arme, un blouson militaire, un béret, etc.

REBELLE 3

Denis ! La ville est à nous ! Il n'y a eu aucune résistance. Ça a l'air que toute l'armée a quitté la ville hier soir. On ne sait pas pourquoi. Tout le monde est en place et on attend tes ordres.

DENIS, *à Rebelle 3*

Dis à tout le monde de maintenir leur position et de rester vigilant. Il va falloir un volontaire pour aller négocier avec l'armée.

Rebelle 3 acquiesce, dépose les accessoires de Denis devant celui-ci et quitte la scène.

GUY

C'est moi qui ai donné l'ordre à l'armée de quitter la ville. J'ai lu qu'il allait y avoir des blessés et des morts, et j'ai pu t'éviter tout ça... pour que tu puisses prendre le pouvoir sans avoir du sang sur les mains. C'est parce que je suis devenu président que j'ai pu faire ça. Et je l'ai fait pour remplir ma quête, celle d'aider mon fils de n'importe quelle façon... C'est ce qui est écrit dans ma description de personnage. Tout ça pour toi... toi et Réal...

Pendant la prochaine réplique, Denis endosse le blouson, le béret et attache la ceinture autour de sa taille.

DENIS

Papa, tu es mon père et pour ça il y a une place dans mon cœur qui pourra toujours te pardonner. Mais je ne suis pas seulement un fils et tu n'es plus seulement un père. Et peu importe si je voulais te pardonner ou non, mes camarades avec qui j'ai partagé tous les dangers ne verront que le président, pas mon père, et c'est pour ça que je ne pourrai pas t'épargner le sort que le président mérite.

GUY

C'est correct, Denis. Je comprends que tu n'auras pas le choix d'envoyer le président devant le peloton d'exécution. Et je sais que c'est un choix difficile pour toi.

DENIS

On a tous des sacrifices à faire.

GUY

Mais je sais aussi que dans un instant il y a un de tes rebelles qui va entrer et dire qu'ils ont arrêté tout le gouvernement, mais qu'on cherche toujours le président... et en me voyant il va savoir tout de suite que c'est moi le président parce que je porte la tunique et l'écharpe présidentielle.

Un rebelle armé, Rebelle 4, entre.

REBELLE 4

Denis, on a arrêté les membres du gouvernement.

Dans un autre coin de la scène, l'éclairage monte sur M. Graux et Auberné, menottés, debout devant le mur du peloton d'exécution.

Mais on ne les a pas tous eus. On ne trouve pas le président, il s'est échappé.

Denis se tourne vers Guy, debout, là, en camisole. Les deux se regardent en silence.
À Denis, au sujet de Guy.

C'est qui lui ?

Guy, *à Rebelle 4*

Je suis son père.

Rebelle 4

Ah.

Guy, *à Denis*

Tu vois, Denis, il me voit comme ton père. C'est ce
que je suis, ce que j'ai toujours été, ton père, ton
père qui a fait tout ce qu'il a fait, pour toi. C'est ton
père qui a pu rendre ton histoire plus intéressante
avec un quiproquo, laissant l'auditoire penser que
j'allais capturer tes rebelles quand en réalité je
t'aidais à prendre le pouvoir. La scène était écrite,
mon destin déterminé, mais il a juste fallu que
j'enlève mon costume pour t'éviter d'avoir à faire
un choix difficile... Un choix que tu aurais sûrement
fini par regretter un jour. Et nous voilà... Tu deviens
le président et tu arranges le monde comme tu
veux, alors que moi je peux continuer à être ton
vieux père qui t'aime et t'appuie. J'ai créé un
« happy ending » et là tout le monde va pouvoir
vivre heureux et élever ses enfants dans la paix... toi
et moi inclus.

Denis

Papa, tu as beau enlever ta tunique et envoyer
l'armée hors de la ville, ça ne change pas le fait que
tu es responsable de la mort de huit familles.
C'était mes amis, je connaissais leurs noms. (*À
Rebelle 4.*) C'est lui le président.

Rebelle 4 arrête Guy.

GUY

Mais j'ai changé la suite des événements, t'as plus besoin de faire de choix difficile. C'est-tu parce que je suis un personnage secondaire ?

DENIS

L'ancien président doit tomber, Papa, sans ça la révolution ne pourra jamais être légitime. (*À Rebelle 4.*) Emmène-le avec les autres.

Rebelle 4 prend Guy par le bras et l'entraîne vers le mur avec M. Graux et Auberné.
Guy s'arrête et se retourne vers Denis.

GUY

Denis ! Je veux seulement que tu saches... Étant donné où on en est rendus... je sens que je devrais faire un dernier monologue pour... je ne sais pas, peut-être dire que malgré les apparences, je sais que tu es quand même déchiré par ta décision... et que je ne t'en veux pas, parce qu'en me sacrifiant, je suis en train de t'aider, et ça, c'est ma quête. Mais rien... il n'y a rien qui me vient... Je ne suis juste pas doué pour les monologues on dirait. Fait que... puisque je ne sais pas quoi dire, je vais juste me contenter de te lancer un regard plein de compréhension et de soumission... ça va faire plus dramatique.

Guy lance son regard de compréhension et de soumission.

DENIS

Tu as toujours eu raison, Papa : c'est du théâtre. On est tous pris à jouer dans une grande pièce de théâtre, parce que peu importe comment ça finit aujourd'hui, tout va se rejouer de la même façon encore demain.

Un rebelle entre et se met au garde-à-vous devant Denis.
Va annoncer à la population que c'est moi le personnage principal, que j'ai toujours été le personnage principal. Aussi... dis-leur qu'avec leur aide, on va essayer de faire les choses autrement cette fois-ci.

Le rebelle quitte la scène, suivi de Denis.
Le héraut apparaît.

HÉRAUT

Bonne nouvelle ! Les océans ne sont peut-être pas complètement morts. Nos grands penseurs croient qu'il est possible qu'il y ait encore de la vie qui existe à onze kilomètres de profondeur dans la fosse des Mariannes située au nord-ouest de l'océan Pacifique, ainsi que dans les autres endroits les plus profonds des océans. Tout n'est pas perdu.

Le héraut sort.
Rebelle 4 pousse Guy vers le peloton d'exécution où il rejoint M. Graux et Auberné au mur.

Auberné, *à M. Graux*

M. Graux, tout va être correct. On va s'en sortir.
C'est le personnage principal, il n'y a rien qui peut
lui arriver.

Guy

Je ne suis pas le... De toute façon, que je le sois ou
pas, qu'est-ce que ça change ? C'est la fin de la pièce.

NOIR

Coups de feu du peloton d'exécution.

Achevé d'imprimer
en novembre 2021 sur les presses
de l'Imprimerie Gauvin, à Gatineau (Québec).

sans explosions cette ville n'existerait pas
Robert Dickson